HACIA LA INCLUSIÓN DIGITAL

ENSEÑANZAS DE CONECTAR IGUALDAD

Diseño de tapa:
EL OJO DEL HURACÁN

ANSES   OISS   Auspicia: OEI

BERNARDO KLIKSBERG
IRENE NOVACOVSKY

HACIA LA INCLUSIÓN DIGITAL

ENSEÑANZAS DE
CONECTAR IGUALDAD

Equipo:
Isidro Adúriz, Victoria Arinci,
Horacio Chitarroni, Elisa Trotta Gamus
y Naomi Wermus

GRANICA
ARGENTINA - ESPAÑA - MÉXICO - CHILE - URUGUAY

© 2015 *by* Ediciones Granica

ARGENTINA
Ediciones Granica S.A.
granica.ar@granicaeditor.com
atencionaempresas@granicaeditor.com
Lavalle 1634 3º G / C1048AAN Buenos Aires, Argentina
Tel.: +54 (11) 4374-1456 Fax: +54 (11) 4373-0669

MÉXICO
Ediciones Granica México S.A. de C.V.
Valle de Bravo Nº 21 El Mirador Naucalpan - Edo. de Méx.
53050 Estado de México - México
granica.mx@granicaeditor.com
Tel.: +52 (55) 5360-1010 Fax: +52 (55) 5360-1100

URUGUAY
granica.uy@granicaeditor.com
Tel.: +59 (82) 413-6195 - Fax: +59 (82) 413-3042

CHILE
granica.cl@granicaeditor.com
Tel.: +56 2 8107455

ESPAÑA
granica.es@granicaeditor.com
Tel.: +34 (93) 635 4120

Reservados todos los derechos, incluso el de reproducción en todo o en parte, en cualquier forma

www.granicaeditor.com

GRANICA es una marca registrada

ISBN 978-950-641-870-0

Queda hecho el depósito que marca la ley.

Impreso en Argentina - *Printed in Argentina*

Hacia la inclusión digital : enseñanzas de Conectar Igualdad / Bernardo Kliksberg ... [*et al.*]. - 1a ed . - Ciudad Autónoma de Buenos Aires : Granica, 2015.
128 p. ; 22 x 15 cm.

ISBN 978-950-641-870-0

1. Inclusión. 2. Inclusión Digital. I. Kliksberg, Bernardo
CDD 303.483

Queremos agradecer el apoyo del Director Ejecutivo de la ANSES, *Diego Bossio, y su Secretario General, Rodrigo Ruete, así como muy especialmente la asesoría brindada por la Directora Ejecutiva del Programa Conectar Igualdad, Silvina Gvirtz, y del Director de Estudios de la Seguridad Social de la* ANSES, *Roberto Arias, y sus excelentes equipos técnicos.*

ÍNDICE

PRÓLOGO	11
INTRODUCCIÓN	17
I. EL PROGRAMA CONECTAR IGUALDAD	21
Financiamiento y ejecución	28
Cobertura y distribución geográfica	29
II. MARCO CONTEXTUAL	31
1. Las TIC y la brecha digital	33
2. Las TIC y la educación	40
III. LINEAMIENTOS METODOLÓGICOS DE LA EVALUACIÓN	43
1. Características generales y objetivos de la evaluación	45
2. Tipo de estudio y características de la muestra	46
3. Ponderación y expansión de la muestra	48
4. Trabajo de campo	49
IV. PERFIL DE LOS HOGARES ENTREVISTADOS	51
V. PRINCIPALES RESULTADOS DE LA EVALUACIÓN DEL PROGRAMA CONECTAR IGUALDAD	59
1. Cobertura del Programa Conectar Igualdad	62
2. Hábitos de utilización de la netbook del Programa Conectar Igualdad	64
3. El funcionamiento de los equipos	76
4. Impacto del Programa Conectar Igualdad en el acceso y utilización de la computadora en los hogares	77
5. Percepciones sobre los efectos de la recepción de la computadora del Programa Conectar Igualdad	84
6. Impacto en otros miembros del hogar, en los vínculos familiares/sociales y en el aprovechamiento del tiempo libre	93
7. Impacto esperado en la inserción laboral	100
8. Satisfacción con el Programa Conectar Igualdad	101

VI. CONCLUSIONES Y RECOMENDACIONES 105

ANEXO. EL PROGRAMA CONECTAR IGUALDAD, por Diego Bossio y Silvina Gvirtz 113

BIBLIOGRAFÍA 123

ACERCA DE LOS AUTORES 125

PRÓLOGO

Nuevas desigualdades: la brecha digital

La difusión de los adelantos tecnológicos ha sido vista, generalmente, como un signo de progreso social. Sin embargo, no necesariamente esa mejora alcanza a todos los estratos de la sociedad por igual. Incluso puede haber sectores a los que ciertas innovaciones no beneficien en absoluto y, al revés, puede ocurrir que con la incorporación de nuevas tecnologías se produzcan amplias diferencias en el acceso a ellas, que acaben por ampliar las desigualdades preexistentes. Ello ocurre particularmente con las TIC (nuevas Tecnologías de Información y Comunicación).

Los beneficios colectivos –tales como las mejoras económicas derivadas del incremento de la productividad– que eventualmente traigan aparejados estos cambios, pueden estar contrapesados por la marginación que sufren en diversos aspectos de la vida quienes permanecen fuera de su alcance.

Los que acceden a cierto tipo de saberes potencian su capacidad para seguir adquiriendo conocimiento y, por el contrario, los que quedan al margen son víctimas de un círculo vicioso, porque su déficit de conocimientos agrava aún más las dificultades para incorporarlos; los esfuerzos emprendidos por los gobiernos en procura de extender la infraestructura material y tecnológica necesaria para el acceso a la red digital, por ejemplo, pueden no ser suficientes. Es preciso que la sociedad esté preparada para que sus miembros no solamente puedan acceder a la información, sino que también sepan qué hacer con ella y tengan la capacidad de convertirla en conocimiento social e individualmente útil.

Diversas instituciones internacionales han puesto énfasis en la necesidad de reducir la brecha digital para estimular el desarrollo sostenible y han impulsado programas encaminados en tal sentido, donde la educación es un eje fundamental. La experiencia de estos organismos muestra que tratar de mitigar las disparidades socioeconómicas solamente enfocándose en los aspectos tecnológicos de la brecha digital no ofrece resultados.

Puesto que la brecha digital es el reflejo de condiciones previas en donde los aspectos culturales y sociales trascienden lo estrictamente tecnológico, la inclusión digital debe ser pensada como un asunto colectivo, no individual. La disminución o el abatimiento de la brecha no solo beneficiaría individualmente a quienes accedan directamente al dominio de las TIC sino también a la sociedad en su conjunto, aun a quienes no acceden en forma directa. Ello es así tanto por los beneficios provenientes del fortalecimiento del capital social en forma de valores y contenidos culturales compartidos, como por el incremento de las potencialidades del sistema educativo y el aumento de la productividad en el trabajo.

Reconectarse con la igualdad

Luego de la profunda crisis con que concluyó la última década del siglo XX en la mayoría de los países de la región, que amplió fuertemente las brechas sociales que ya se venían ahondando como resultado de la implementación de políticas neoliberales en los años previos, la mayor parte de los gobiernos impulsaron políticas públicas crecientemente integradas, tendientes a construir sociedades más justas e inclusivas, y a garantizar niveles mínimos de bienestar para todos en busca de la reconstrucción del tejido social dañado y la reducción de las desigualdades.

En el contexto de este nuevo paradigma de políticas orientadas a contribuir de manera activa a la plena realización de los derechos económicos y sociales de la población es que se inscribió la creación del Programa Conectar Igualdad (PCI), en la primera mitad de 2010, encaminado a proveer una computadora a alumnas, alumnos y docentes de educación secundaria de escuelas públicas, de educación especial y de institutos de formación docente, al tiempo que capacitar a los docentes en el uso de dicha herramienta y elaborar propuestas educativas con el objetivo de favorecer la incorporación de ellas en los procesos de enseñanza y de aprendizaje. El propósito explícito consistía en "recuperar y valorizar la escuela pública y reducir las brechas digitales, educativas y sociales en el país".

A cinco años de su implementación (comienzos de 2015) el Programa había superado su meta inicial y llegó a distribuir 4,8 millones de netbooks en más de 11.000 establecimientos educativos públicos de todas las jurisdicciones del país.

Examinar los resultados

La evaluación que se presenta surge en el marco del creciente interés observado en la región, en el transcurso de la última década, por evaluar las políticas públicas con la intención de lograr una mayor eficiencia en la aplicación de los recursos que se les destinan, saber si los recursos asignados llegan a los destinatarios previstos y si contribuyen a los objetivos perseguidos. Se trata de una cuestión relacionada con la deseable transparencia de las políticas que, además, contribuye decisivamente a reasegurar su legitimación y permanencia.

Adquiere, por lo tanto, especial trascendencia la presente publicación, ya que tiene por propósito exponer los resultados producidos por el trabajo de un equipo de profesionales en el marco de la Organización Iberoamericana de Seguridad Social y de la Universidad Nacional de Tres de Febrero, con el auspicio de la Organización de Estados Iberoamericanos, destinado a cuantificar y calificar el impacto del Programa Conectar Igualdad, así como a optimizar su implementación y delinear, para el futuro próximo, el camino por recorrer en procura de la reducción de las brechas de desigualdad en el acceso al conocimiento y a las nuevas tecnologías.

La evaluación realizada se ha encaminado a dar respuesta a un conjunto de preguntas esenciales: verificar el cumplimiento de los objetivos que se propusieron al momento del lanzamiento del Programa Conectar Igualdad en los hogares y en la población que recibía las netbook; estimar los resultados e impactos atribuibles al desarrollo de ellos en dicho universo; medir los cambios en nivel de bienestar de los hogares receptores del PCI; identificar los efectos no esperados positivos y negativos del PCI; identificar las fortalezas, debilidades, amenazas y oportunidades del PCI; señalar los elementos para mejorar el Programa Conectar Igualdad, y contribuir al fortalecimiento y legitimación del Programa.

Estos son algunos de los interrogantes que intenta despejar este libro a partir de un amplio relevamiento muestral de escala nacional y una encuesta aplicada a los hogares receptores de la Asignación Universal por Hijo (AUH) con presencia de adolescentes que hubieran recibido la netbook provista por el Programa.

Desde el punto de vista del equipo profesional responsable de la tarea, tanto la profundidad de los cambios en materia de protección social implementados en la región como la explícita voluntad política puesta de manifiesto por los gobiernos, encaminada a conocer las virtudes y los defectos de estas nuevas políticas, ameritan el desafío de afinar y renovar las herramientas de evaluación conocidas.

BERNARDO KLIKSBERG

INTRODUCCIÓN

El Programa Conectar Igualdad (PCI) fue creado en 2010 y se sostiene en las premisas de equidad e inclusión tecnológica[1]. Concibe la desigualdad de oportunidades que sufren los adolescentes pertenecientes a sectores desfavorecidos de la sociedad como una problemática económica y social que incluye también la dimensión pedagógica y cultural. Esto demanda una nueva política educativa que priorice la inclusión ante el problema de la desigualdad en el acceso y apropiación de las TIC.

Esta visión se encuentra en línea con la ley de Educación Nacional (n° 26.206) que establece en su "Título VII Educación, nuevas tecnologías y medios de comunicación" la obligación del Poder Ejecutivo Nacional, a través del Ministerio de Educación, de "fijar políticas y desarrollar opciones educativas basadas en el uso de tecnologías de la información y de la comunicación y de los medios masivos de comunicación social" (Ley de Educación Nacional, Art. 100). Dicha responsabilidad se fundamenta en la necesidad de universalizar y democratizar el acceso

---

1. En el Anexo se encontrará una descripción detallada del Programa y sus objetivos realizada por su Directora Ejecutiva, Silvina Gvirtz y por Diego Bossio, Director Ejecutivo de la ANSES.

al conocimiento que, a principios del siglo en curso, se asocia a nuevos saberes, a respuestas a ciertas demandas del mundo del trabajo y a la necesidad de comprender y participar en una realidad mediatizada por las nuevas Tecnologías de Información y Comunicación (TIC).

En este contexto, el desarrollo de una política federal de TIC promovida por el Gobierno Nacional adopta como principios rectores una serie de criterios que se desprenden de la Ley de Educación Nacional y que son retomados por el Plan Nacional de Educación Obligatoria: *la equidad y la inclusión, la calidad, la formación de la ciudadanía y la innovación* (Consejo Federal de Educación, 2010).

Por lo tanto, conocer y analizar los efectos e implicancias del Programa Conectar Igualdad entre los adolescentes pertenecientes a hogares receptores de la Asignación Universal por Hijo y sus familias, confiere pertinencia y relevancia al documento que aquí se presenta, ya que se trata de los sectores con mayor déficit de ingresos y por ende los más vulnerables y excluidos del conjunto de la sociedad.

El diseño e implementación de la presente evaluación fue llevado a cabo por un equipo de investigadores de la Organización Iberoamericana de Seguridad Social (OISS) y la Universidad Nacional de Tres de Febrero (UNTREF). El trabajo de campo para proveer la información necesaria tuvo lugar entre noviembre de 2013 y febrero de 2014.

El informe que se presenta se divide en seis capítulos. El primero de ellos describe los lineamientos generales del Programa Conectar Igualdad y brinda datos acerca de su gestión y cobertura. El segundo, a modo de marco contextual, introduce los conceptos de TIC y brecha digital, con particular énfasis en la relación entre TIC y educación.

El tercer capítulo explicita las características metodológicas de la evaluación, y el cuarto da cuenta del perfil de los hogares y la población objetivo analizados.

El quinto capítulo está dedicado concretamente al análisis de resultados de la evaluación del Programa Conectar Igualdad. Como ya se ha dicho, dicha evaluación estuvo focalizada en hogares (y sus miembros) receptores de la Asignación Universal por Hijo, prestación creada mediante el decreto N° 1602 y que, en virtud del art. 99 de la Constitución Nacional, desde el año 2009 hace extensivo el régimen de asignaciones familiares a niños, niñas y adolescentes que hasta entonces no estaban alcanzados porque sus progenitores se encontraban excluidos del mercado de trabajo formal.

Para finalizar, el capítulo sexto presenta las principales conclusiones de la evaluación y formula recomendaciones.

El Programa
Conectar Igualdad

Hacia la inclusión digital

El Programa Conectar Igualdad fue creado por el Poder Ejecutivo en el mes de abril de 2010 a través del Decreto Presidencial N° 459/10.

En su artículo primero establece:

> (...) *proporcionar una computadora a alumnas, alumnos y docentes de educación secundaria de escuelas públicas, de educación especial, y de Institutos de Formación Docente, capacitar a los docentes en el uso de dicha herramienta y elaborar propuestas educativas con el objetivo de favorecer la incorporación de las mismas en los procesos de enseñanza y de aprendizaje.*

El propósito consiste en recuperar y valorizar la escuela pública y reducir las brechas digitales, educativas y sociales en el país. Se trata de una política de Estado que implementa conjuntamente la Presidencia de la Nación, la Administración Nacional de Seguridad Social (ANSES), el Ministerio de Educación de la Nación, la Jefatura de Gabinete de Ministros y el Ministerio de Planificación Federal, Inversión Pública y Servicios. Como política de alcance federal, de cobertura masiva, muy superior a las del resto de los países de la región (con la excepción de Venezuela), Conectar Igualdad abarca todo el país en la distribución de netbooks entre los alumnos y docentes de las escuelas públicas de nivel secundario y de educación especial, y de los institutos de formación docente de gestión estatal.

El Programa contempla el uso de las netbooks tanto en el ámbito escolar como en los hogares de los alumnos y de los docentes. De este modo potencia sus efectos más allá del espacio escolar, incorporándose a la vida diaria e impactando en la cotidianidad de las familias. En este sentido, Conectar Igualdad se ha impuesto como objetivo trabajar para lograr una sociedad alfabetizada en las nuevas Tecnologías de la Información y la Comunicación (TIC), ampliando las posibilidades de acceso democrático a recursos tecnológicos e información que de otro modo quedan constreñidos a sectores minoritarios. Ello sin distinción de estratos sociales y abarcando las más diversas geografías, tanto rurales como urbanas.

Los usos escolares de las netbooks son diversos. A los estrictamente pedagógicos asociados al trabajo en las aulas debe añadirse los que se vinculan a la gestión de la información y las comunicaciones, que pueden incluir tanto contenidos pedagógicos como administrativos. En ambos casos se trata de usos escolares no excluyentes y que suponen una mejora progresiva en los procesos de gestión y trabajo en el ámbito escolar (Pulfer y Toranzos, 2012).

Igualmente –como lo han señalado Pulfer y Toranzos (2012)–, no se contraponen los usos que se hagan de las netbooks en el ámbito escolar con los que docentes y alumnos hacen fuera de este. Todos ellos integran un proceso de incorporación al uso de las nuevas tecnologías y de reducción de las brechas digitales que forman parte de los objetivos explícitos de Conectar Igualdad.

El Programa se propuso inicialmente la entrega en todo el país de tres millones y medio de computadoras subportátiles tipo Classmate PC a todos los estudiantes y docentes de establecimientos públicos de educación secundaria, especial y de formación docente en un plazo aproximado de tres años.

Otra línea de trabajo que contempló el Programa fue la adecuación de la infraestructura de los establecimientos educativos para la instalación de un servidor que proveyera una intranet[2]: un sistema destinado a posibilitar las comunicaciones digitales entre los alumnos y entre los docentes, así como entre unos y otros.

Adicionalmente, se encaró el desarrollo de contenidos digitales utilizables en distintas propuestas didácticas y se inició un proceso de capacitación docente, con la intención de transformar modelos y paradigmas de aprendizaje y enseñanza sirviéndose de las nuevas tecnologías digitales.

Los principales objetivos fijados por el Programa son:

- Promover la igualdad de oportunidades entre todos los jóvenes del país, al brindarles un instrumento que permita achicar la brecha digital.
- Construir una política universal de inclusión digital de alcance federal.
- Garantizar el acceso de todos a los mejores recursos tecnológicos y a la información.
- Formar sujetos responsables, capaces de utilizar el conocimiento como herramienta para compren-

---

2. Es una red informática interna de un organismo, basada en los estándares de Internet, en la que las computadoras están conectadas a uno o varios servidores y permite compartir información, sistemas operativos o servicios de computación de forma segura.

der y transformar constructivamente su entorno social, económico, ambiental y cultural, y de situarse como participantes activos en un mundo en permanente cambio.
- Desarrollar las competencias necesarias para el manejo de los nuevos lenguajes producidos por las tecnologías de la información y la comunicación. En este sentido, brindarles a los alumnos las mayores posibilidades de inserción laboral.
- Mejorar los procesos de enseñanza y aprendizaje a través de la modificación de las formas de trabajo en el aula y en la escuela a partir del uso de las TIC.
- Incorporar y comprometer a las familias para que participen activamente del proceso de aprendizaje de los alumnos.
- Promover el fortalecimiento de la formación de los docentes para el aprovechamiento de las TIC en el aula.

Como ya se señaló, la dotación de equipamiento es solamente uno de los componentes del Programa Conectar Igualdad. A la entrega de las netbooks se suma la provisión de la infraestructura que componen el servidor escolar, el cableado de red y los *access points*[3]. Asimismo, el desarrollo de contenidos para todas las áreas de estudio.

Tanto las netbooks en forma individual como el servidor escolar se distribuyen e instalan ya provistos de un

---

[3]. Dentro de una red informática, un punto de acceso o *access point* (conocido por sus siglas en inglés, WAP o AP) es un dispositivo de red que interconecta equipos y puede transmitir datos entre los dispositivos conectados a la red cableada y los dispositivos inalámbricos.

conjunto muy amplio de recursos pedagógicos, por lo que el uso y aprovechamiento de la intranet resulta de un alto valor pedagógico, con independencia de la disponibilidad, calidad y velocidad de conectividad (Pulfer y Toranzos, 2012).

Efectivamente, esto último cobra una gran importancia puesto que no todos los establecimientos escolares tienen conexión a la red de Internet. Y cuando la tienen, en muchos casos resulta insuficiente para posibilitar el acceso simultáneo de los alumnos. Los recursos de los que vienen provistas las netbooks hacen posible, pues, evitar que la ubicación geográfica del establecimiento, su disponibilidad –o no– de conexión y su calidad, cuando existe, establezcan diferencias en las posibilidades de aprendizaje.

Con la finalidad de cumplir los objetivos planteados, se ha desarrollado un sistema operativo propio para el Programa denominado Huayra[4]. Se trata de un software libre, llevado a cabo en el seno del Programa Conectar Igualdad a partir de las necesidades de los estudiantes, docentes y de la comunidad educativa en general.

La puesta en marcha de este Programa se inscribe en el contexto de las políticas ceñidas a las líneas pedagógicas establecidas en el Plan Nacional de Educación Obligatoria y en el Plan Nacional de Formación Docente, que definen las metas de igualdad e inclusión, de calidad educativa y de fortalecimiento institucional del sistema educativo (Ministerio de Educación, 2011).

---

4. Huayra toma su nombre del vocablo quechua que significa "viento" y fue desarrollado por el Centro Nacional de Investigación y Desarrollo de Tecnologías Libres (CENITAL).

Si bien –como se ha señalado– Conectar Igualdad no contempla entre sus objetivos garantizar conectividad a Internet, cabe mencionar que ya existen nuevos proyectos de políticas públicas nacionales encaminados a democratizar el acceso a la red. En tal sentido, el proyecto de Ley Argentina Digital apunta a la "neutralidad de las redes" con la finalidad de posibilitar el acceso de todos los argentinos a los servicios de la información y las comunicaciones en condiciones sociales y geográficas equitativas. Este proyecto establece que las TIC resultan fundamentales para el desarrollo social y por ello debe garantizarse su acceso a todos los ciudadanos sin importar las condiciones geográficas o socioeconómicas.

Por otro lado, se llevaron a cabo políticas de entrega de netbooks en el nivel primario de educación en algunas jurisdicciones de nuestro país tales como San Luis (Programa Todos los Chicos en la Red), Ciudad de Buenos Aires (Plan Sarmiento BA) y Catamarca (Programa Primaria Digital).

Financiamiento y ejecución

Según el artículo noveno del decreto de creación, el financiamiento del Programa proviene de la reasignación de partidas presupuestarias del Presupuesto Nacional, con una inversión estimada en 4.000 millones de pesos.

En cuanto a la gestión de las acciones del Programa, las responsabilidades institucionales están repartidas. La normativa dispuso la creación de un Comité Ejecutivo presidido por el titular de la ANSES e integrado por representantes de dicho organismo, de la Jefatura de Gabinete de Ministros, del Ministerio de Educación y del Ministerio de Planificación Federal, Inversión Pública y Servicios (Artículo 2, Decreto N° 459/10).

Cobertura y distribución geográfica

En cuanto a la cobertura alcanzada, el Programa ha superado su meta inicial (3,5 millones de netbooks). Según datos actualizados al mes de abril de 2015, se han distribuido 4.782.604 netbooks en más de 11.000 establecimientos educativos públicos de todas las jurisdicciones del país, alcanzando a alumnos y docentes (Presidencia de la Nación, 2015).

Más de una tercera parte de las netbooks entregadas fueron distribuidas en la provincia de Buenos Aires.

Cuadro 1
Cantidad y distribución de netbooks entregadas según jurisdicción. Abril 2015

Jurisdicción	Absolutos	%
Buenos Aires	1.758.847	36,9
Ciudad de Buenos Aires	189.156	4,0
Catamarca	73.276	1,5
Chaco	172.084	3,6
Chubut	87.215	1,8
Córdoba	314.802	6,6
Corrientes	165.713	3,5
Entre Ríos	168.355	3,5
Formosa	102.865	2,2
Jujuy	116.959	2,4
La Pampa	52.322	1,1
La Rioja	48.571	1,0
Mendoza	200.580	4,2
Misiones	147.271	3,1
Neuquén	102.711	2,1
Río Negro	87.761	1,8
Salta	190.018	4,0
San Juan	91.388	1,9
San Luis	68.655	1,4
Santa Cruz	39.216	0,8
Santa Fe	277.640	5,8
Santiago del Estero	94.622	2,0
Tierra del Fuego	20.399	0,4
Tucumán	212.178	4,4
Total país	4.782.604	100,0

Fuente: Presidencia de la Nación, 2015.

II

Marco contextual

1. Las TIC y la brecha digital
2. Las TIC y la educación

1. Las TIC y la brecha digital

La CEPAL (Comisión Económica para América Latina y el Caribe) propone un enfoque de "desarrollo con las TIC", concibiendo la tecnología como un medio a favor de un desarrollo humano y social más inclusivo y pone como elementos centrales de la transición hacia sociedades de la información los diferentes aspectos del desarrollo (la educación, la salud, el medio ambiente, etc.) (Sunkel, 2010).

La concepción de las "TIC para el desarrollo", que considera las TIC[5] como herramientas que posibilitan desarrollos sectoriales y no como un fin en sí mismas, está presente en los principales imperativos internacionales de la política de TIC en educación; es significativo, en este sentido, que el Plan de Acción Regional eLAC 2010, que define un conjunto de estrategias que promueven el

---

5. Se incluyen dentro de las tecnologías tanto los equipamientos (teléfonos, computadoras personales, notebooks, netbooks y otros dispositivos electrónicos) como los servicios para transmitir y procesar información (mensajerías, conexión a intranet, conexión a Internet, velocidad de conexión o ancho de banda, entre otros).

uso de las TIC para el desarrollo, coloque a la educación como la primera prioridad. Por lo tanto, "(..) la incorporación de las TIC en el ámbito de la educación en los países de la región –la que se ha dado principalmente a través de políticas y programas– ha ido acompañada por la promesa de que estas son herramientas que ayudarían a enfrentar los principales retos educativos que tienen los países de la región" (Sunkel, 2010).

Desde esta perspectiva, las TIC han llegado para contribuir a la modernización de los procesos de aprendizaje, y al desarrollo de competencias y de habilidades cognitivas en los estudiantes. Y, también, para hacer más eficientes los procesos de gestión institucional y académica de las escuelas (Hilbert, Bustos y Ferraz, 2005).

Sin embargo, no necesariamente ese progreso alcanza a todos los estratos de la sociedad por igual. Incluso puede haber sectores a los que ciertas innovaciones no beneficien en absoluto. Bien por el contrario, puede ocurrir que con la incorporación de nuevas tecnologías se produzcan amplias diferencias en el acceso a ellas.

Ello ocurre particularmente con las TIC. Tal como ha sido señalado:

> *La brecha digital* (digital divide) *es probablemente uno de los primeros conceptos con que se inicia la reflexión alrededor del tema del impacto social de las tecnologías de información y comunicación (TIC). Desde entonces se percibe que estas tecnologías van a producir diferencias en las oportunidades de desarrollo de las poblaciones y que se establecerá una distancia entre quienes tienen y no tienen acceso a las mismas* (Tello Leal, 2008).

Los beneficios colectivos –tales como las mejoras económicas derivadas del incremento de la productividad–

MARCO CONCEPTUAL

que eventualmente traigan aparejados estos cambios, pueden estar contrapesados por la marginación que sufren en diversos aspectos de la vida quienes permanecen fuera de su alcance.

Como afirma la UNESCO (2005): "…una sociedad del conocimiento ha de poder integrar a cada uno de sus miembros y promover nuevas formas de solidaridad con las generaciones presentes y venideras. No deberían existir marginados en las sociedades del conocimiento, ya que este es un bien público que ha de estar a disposición de todos".

Así, las ventajas del progreso pueden verse limitadas si no alcanza a todos en una medida razonable.

Los esfuerzos emprendidos por los gobiernos en procura de extender la infraestructura material y tecnológica necesaria para el acceso a, por ejemplo, la red digital pueden no ser suficientes. Es preciso que la sociedad esté preparada para que sus miembros "…tengan acceso real a la información, sepan qué hacer con esta y tengan la capacidad de convertirla en conocimiento, y el conocimiento, en beneficios tangibles" (Tello Leal, 2008).

Si el acceso es parcial y restringido, la ventaja acumulativa que deriva de la posesión del conocimiento limitado a algunos sectores no hace sino generar nuevas brechas que se añaden a las preexistentes. Los que acceden a cierto tipo de saberes potencian su capacidad para seguir adquiriendo conocimiento y, por el contrario, los que quedan al margen son víctimas de un círculo vicioso, porque su déficit de conocimientos agrava aún más las dificultades para incorporarlo. "En efecto, en condiciones de igual acceso al saber, la adquisición de conocimientos por parte de las personas que poseen un alto nivel de formación es mucho mayor que el de aquellas que solo tienen un acceso limitado a la educación" (Tello Leal, 2008).

La denominada *brecha digital*, según la definición adoptada por ALADI (Asociación Latinoamericana de Integración, 2003), se refiere a "la línea (o la distancia) que separa al grupo de población que puede acceder a los beneficios de las TIC y el grupo que no cuenta con posibilidades de hacerlo". Esta distancia se vincula con los distintos niveles de alfabetización, carencias y problemas de accesibilidad a la tecnología. Por oposición a la "inclusión digital", que supone el acceso y la capacidad de empleo de estas tecnologías, también se habla de exclusión digital en alusión a los efectos discriminatorios de la brecha digital.

Así, la brecha digital resulta determinada en forma múltiple:

> *La brecha digital puede ser definida en términos de la desigualdad de posibilidades que existen de acceder a la información, al conocimiento y a la educación mediante las TIC. La brecha digital no se relaciona solamente con aspectos exclusivamente de carácter tecnológico, es un reflejo de una combinación de factores socioeconómicos y en particular de limitaciones y falta de infraestructura de telecomunicaciones e informática* (Serrano Santoyo y Martínez, 2003).

De tal modo, la brecha digital se relaciona estrechamente con un concepto más amplio que supone o involucra el acceso al conocimiento: la brecha cognitiva.

> *La brecha digital en la sociedad de la información alimenta otra mucho más preocupante: la brecha cognitiva, que acumula los*

MARCO CONCEPTUAL

> *efectos de las distintas brechas observadas en los principales ámbitos constitutivos del conocimiento, el acceso a la información, la educación, la investigación científica, la diversidad cultural y lingüística, que representa el verdadero desafío planteado a la edificación de las sociedades del conocimiento.*
>
> *La brecha cognitiva* (knowledge divide) *apunta a una sociedad donde los conocimientos empiezan a ser parte del dominio de solo un segmento de la sociedad, mientras que las mayorías se encuentran excluidas del mismo, lo cual hace referencia a la existencia de una pronunciada brecha cognitiva que puede generar un escenario de conflictos y de mayor inequidad* (Tello Leal, 2008).

Esta brecha tiene lugar tanto entre diferentes naciones como fronteras adentro, ya que separa a los que dominan las nuevas tecnologías de los que no tienen acceso a sus beneficios.

El desarrollo acelerado de las TIC y el surgimiento de Internet digitalizaron la sociedad, influyendo en todos los campos del quehacer humano. La digitalización se esparció aun antes de que la brecha analógica se hubiera reducido considerablemente. Ahora ya no solo es importante reducir la separación entre "los que tienen y no tienen" sino también la separación entre "los que saben y los que no saben" (Serrano Santoyo y Martínez, 2003).

En ocasión de la Cumbre Mundial sobre la Sociedad de la Información (CMSI) –evento organizado por la Unión Internacional de Comunicaciones, cuya primera fase tuvo lugar en Suiza en 2003 y la segunda en Túnez en 2005– se lanzó la campaña CRIS (*Communication Rights in the Information Society* o Derechos de Comunicación en la Sociedad de la Información). Esta campaña enfatiza la concepción de las nuevas tecnologías como herramientas de comunicación de valores comunes entre grupos, individuos y organizaciones sociales.

El Banco Mundial, el Banco Interamericano de Desarrollo y otras instituciones internacionales han puesto asimismo énfasis en la necesidad de reducir la brecha digital para estimular el desarrollo sostenible y han impulsado programas encaminados en tal sentido, en los cuales la educación es un eje fundamental.

Asimismo, en la Declaración del Milenio de Naciones Unidas, al considerarse las acciones necesarias para el combate y la eliminación de la pobreza, se toma en cuenta la eliminación de la brecha digital.

> *La experiencia de estos organismos muestra que tratar de mitigar las disparidades socioeconómicas solamente enfocándose en los aspectos tecnológicos de la brecha digital no ofrece resultados. Este enfoque ha creado el mito de que la implantación de infraestructura tecnológica y de acceso a Internet y sus aplicaciones proveería un desarrollo sostenible. Sin embargo, la brecha digital es el reflejo de una condición de subdesarrollo humano en donde los aspectos culturales y sociales trascienden lo tecnológico* (Serrano Santoyo y Martínez, 2003).

Esto no significa que la tecnología aplicada adecuadamente no contribuya al desarrollo. Pero no es suficiente:

> *Enfrentar los desafíos de las políticas de las TIC requiere una visión amplia de esas tecnologías, que se complemente con otros aspectos del desarrollo. Por su carácter transversal, el grado de éxito de una política para la sociedad de la información depende de la capacidad de establecer y operar canales de coordinación y comunicación con todos los sectores de la economía y la sociedad. (...) las propias características de las TIC crean espacios de aprendizaje común (...)* (CEPAL, 2008).

MARCO CONCEPTUAL

Desde esta perspectiva, la inclusión digital debe ser pensada como un asunto colectivo, no individual. La disminución o el abatimiento de la brecha no solo beneficiaría individualmente a quienes accedan de forma directa al dominio de las TIC sino a la sociedad en su conjunto. Ello tanto por los beneficios provenientes del fortalecimiento del capital social en forma de valores y contenidos culturales compartidos como por el incremento de las potencialidades del sistema educativo y el aumento de la productividad del trabajo.

En este sentido, la reducción de la brecha digital podría incidir en el abatimiento de las demás brechas que subyacen a la digital: la del conocimiento, producto de la diversidad de acceso a la educación, y la económica, producto de las diferencias en el acceso al mercado de trabajo y la obtención de ingresos, principalmente.

En general, se ha insistido en que el desarrollo y uso de software libre es fundamental para ayudar a disminuir la brecha digital. Así como facilitar el acceso material a las computadoras personales. No obstante, algunos autores sostienen que no se trata de la sola provisión de computadoras o del acceso a Internet y dejar de lado la consideración de aspectos tales como la capacitación de los usuarios y la creación de contenidos culturalmente adecuados a las características de las comunidades receptoras en estos procesos de equipamiento tecnológico.

Es preciso promover un cambio cultural que abarque a todas las personas sin distinción de condición socioeconómica o rango de edad para posibilitar su acceso de forma más intuitiva y "amigable", y también de un modo que les resulte útil. Tal como ha sido expresado en el contexto educativo: *"...la innovación por sí misma no tiene sentido. El desafío es introducir en los alumnos el pensamiento crítico y que realicen un uso responsable de las tecnologías"* (Jara, 2014).

2. Las TIC y la educación

Dotar a cada adolescente escolarizado de una computadora es el puntapié inicial en pos de la consecución de la inclusión digital. En la actualidad los sistemas educativos de todo el mundo se enfrentan al desafío de utilizar las Tecnologías de la Información y la Comunicación para proveer a sus alumnos de las herramientas y conocimientos que se requieren en el siglo XXI. Desde hace más de una década, la UNESCO describió en el "Informe Mundial sobre la Educación" (1998) el impacto de las TIC en los métodos convencionales de enseñanza y de aprendizaje, augurando también la transformación del proceso de enseñanza-aprendizaje y la forma en que docentes y alumnos acceden al conocimiento y a la información.

Al respecto, la UNESCO (2004) también señala que en el área educativa los objetivos estratégicos apuntan a mejorar la calidad de la educación por medio de la diversificación de contenidos y métodos, la promoción de la experimentación, la innovación, la difusión y el uso compartido de información y de buenas prácticas, la formación de comunidades de aprendizaje y la estimulación de un diálogo fluido sobre las políticas a seguir. Con la llegada de las nuevas tecnologías, el énfasis de la profesión docente está cambiando desde un enfoque centrado en el profesor que se basa en prácticas alrededor del pizarrón, el discurso y las clases magistrales, hacia una formación centrada principalmente en el alumno dentro de un entorno interactivo de aprendizaje.

Las TIC constituyen una innovación educativa que permite a los docentes y alumnos cambios determinantes en el quehacer diario del aula y en el proceso de enseñanza-aprendizaje.

Además, las TIC brindan herramientas que favorecen a las escuelas que no cuentan con una biblioteca ni con material didáctico. Estas tecnologías permiten entrar a un mundo nuevo, lleno de información de fácil acceso para los docentes y alumnos. De igual manera, facilitan un ambiente de aprendizaje que se adapta a nuevas estrategias de desarrollo cognitivo creativo, estimulante y divertido en las áreas tradicionales de la currícula.

Con el uso de las computadoras, los estudiantes desarrollan la capacidad de entendimiento, favoreciendo así el proceso de aprendizaje significativo.

La incorporación de las TIC en la educación tiene como función ser un canal de comunicación e intercambio de conocimiento y experiencias. Son a un mismo tiempo instrumentos para procesar la información y para la gestión administrativa, así como fuente de recursos y medio lúdico.

III

Lineamientos metodológicos de la evaluación

1. Características generales de la evaluación y objetivos
2. Tipo de estudio y características de la muestra
3. Ponderación y expansión de la muestra
4. Trabajo de campo

1. Características generales y objetivos de la evaluación

El estudio se basa en una encuesta por muestreo con representatividad nacional de hogares y población receptores de la Asignación Universal por Hijo (AUH).

Los resultados que se presentan focalizan su atención sobre el universo de hogares donde al menos un niño, niña o adolescente es alcanzado por la AUH, es decir que se trata de las familias más vulnerables del país y que se encuentran en los estratos inferiores de la escala de ingresos (asimilables al primer cuartil de ingreso per cápita familiar), con las implicancias que ello acarrea: mayor propensión a la pobreza y la exclusión. Por lo tanto, estos resultados no son extrapolables al total de los beneficiarios del Programa Conectar Igualdad pero sí a aquellos que se encuentran en las peores condiciones sociales.

En este contexto, resulta interesante, para enriquecer el análisis, establecer una línea de comparación entre los resultados del presente estudio (Hogares AUH) y la Encuesta Nacional sobre Acceso y Uso de Tecnologías de la Información y la Comunicación (ENTIC) realizada por el INDEC en 2011, como un módulo de la Encuesta Anual de Hogares Urbanos. El alcance de esta encuesta permite comparar los indicadores obtenidos para hogares y población receptora de AUH con el promedio urbano nacional. Asimismo, en algunos casos se incorpora la comparación con la población o los hogares pertenecientes al primer cuartil de ingresos per cápita familiar, dado que representa el universo de los más empobrecidos del conjunto urbano y, aunque no de manera estricta, exhibe características similares a los hogares contemplados en esta evaluación.

Los objetivos del estudio son:

- Verificar el cumplimiento de los objetivos que se propusieron al momento del lanzamiento del Programa Conectar Igualdad entre hogares y población que recibe la Asignación Universal por Hijo.
- Estimar resultados e impactos atribuibles al desarrollo del Programa Conectar Igualdad en dicho universo.
- Identificar efectos no esperados, positivos y negativos, del Programa Conectar Igualdad.
- Señalar elementos para mejorar el Programa Conectar Igualdad.

2. Tipo de estudio y características de la muestra

El estudio es de tipo cuantitativo y está basado en la implementación de una encuesta domiciliaria de alcance nacional urbano de acuerdo a un diseño muestral probabilístico y estratificado, sobre la base de un listado completo de receptores de la Asignación Universal por Hijo de todo el país.

Acorde con los objetivos del estudio, se diseñó una muestra probabilística, bietápica, representativa del universo nacional, integrado por hogares particulares con al menos un receptor de la AUH.

A continuación se listan brevemente un conjunto de características de la muestra obtenida:

PROBABILÍSTICA. Cada hogar seleccionado del universo estudiado y las personas de las edades consideradas que fueron finalmente elegidas tienen una probabilidad de selección conocida y superior a cero. Este tipo de muestra permite establecer anticipadamente la precisión deseada en los resultados principales, y calcular la precisión observada en todos los resultados obtenidos. El conocimiento de la probabilidad de selección de los encuestados y la información de no respuesta y rechazos permite el cómputo de los ponderadores necesarios para el posterior análisis de la información reunida.

ESTRATIFICADA. Se consideraron localidades de todo el país, correspondientes a tres estratos poblacionales diferenciados (Área Metropolitana, Ciudades con más de 100.000 habitantes y Ciudades con menos de 100.000 habitantes) a fin de obtener resultados significativos para el total nacional y para cada una de esas poblaciones.

BIETÁPICA. En el interior de cada estrato se seleccionaron localidades a los fines de hacer representativa la muestra (UPM - Unidad Primaria de Muestreo). De las localidades elegidas se seleccionaron receptores de manera aleatoria simple sobre listados de receptores provistos por la ANSES (USM - Unidad Secundaria de Muestreo). La distribución se hizo de manera proporcional de acuerdo con la cantidad de receptores en cada una de las localidades que componían el estrato.

La muestra final abarcó 1.755 hogares, con la siguiente distribución:

Estrato	Hogares relevados
Estrato 1 - Área Metropolitana[1]	573
Estrato 2 - Ciudades > 100.000 habitantes[2]	663
Estrato 3 - Ciudades < 100.000 habitantes[3]	519
Total	1.755

1. Integrado por la Ciudad Autónoma de Buenos Aires y 24 partidos del primer y segundo cordón del Conurbano Bonaerense.
2. Integrado por los aglomerados urbanos de Gran Mendoza, Gran San Juan, Gran Córdoba, Gran Rosario, Gran Paraná, Gran Resistencia, Gran Corrientes, Formosa, Gran San Miguel de Tucumán, Gran Salta, Santiago del Estero-La Banda, Neuquén-Plottier, Comodoro Rivadavia y San Carlos de Bariloche.
3. Integrado por las localidades de San Martín-La Colonia, Rafaela, Goya, Orán, San Pedro de Jujuy, General Roca, Ushuaia, Rivadavia de Mendoza, Caucete, Cañuelas, Las Toscas, Charata, Las Lomitas, Quimilí y Villa Regina.

3. Ponderación y expansión de la muestra

Dado que se trabajó con un diseño muestral de afijación no proporcional, se elaboraron ponderadores para ajustar al peso real del universo, de acuerdo con las probabilidades de selección de cada unidad de análisis en cada una de las etapas de muestreo. La expansión de la muestra se hizo de acuerdo con el universo obtenido en las bases de registro de la ANSES.

LINEAMIENTOS METODOLÓGICOS DE LA EVALUACIÓN

4. Trabajo de campo

El trabajo de campo se realizó entre noviembre de 2013 y febrero de 2014. Participó un equipo de encuestadores capacitados específicamente para el estudio.

IV
Perfil de los hogares entrevistados

En el presente apartado se describe de manera sucinta el perfil de los hogares entrevistados, receptores de la Asignación Universal por Hijo, haciendo foco principalmente en aspectos vinculados a los niveles de vulnerabilidad. A los fines de dimensionar su situación se recurrirá a la comparación con hogares relevados en la Encuesta Permanente de Hogares (EPH), realizada por el Instituto de Estadística y Censos (INDEC) para el mismo período, correspondiente al cuarto trimestre de 2013. Para realizar dicho ejercicio y mejorar su comparabilidad, se considerará exclusivamente a los hogares con niños, niñas y adolescentes menores a 18 años de la EPH.

Como primera observación, cabe decir que el tamaño medio de los hogares de ambos universos no presenta diferencias significativas. No obstante, el promedio de niños menores de 18 años resulta mayor en los hogares receptores de AUH y, por lo tanto, es indicativo de una mayor tasa de dependencia (mayor cantidad de miembros dependientes de adultos activos responsables).

Esta primera observación resulta más alarmante si se tiene en cuenta que: a) existe una marcada diferencia en la composición del núcleo conyugal de los hogares que se comparan, ya que en los hogares con AUH una proporción significativamente mayor carece de cónyuge, estableciendo una brecha de más de 20 puntos porcentuales con respecto al total nacional reflejado por la EPH (45,1% contra 23,8%), y b) la tasa de desocupación de los jefes de hogares con AUH triplica el promedio total nacional (9,9% vs. 3,2%).

Gráfico 1
Perfil de los hogares

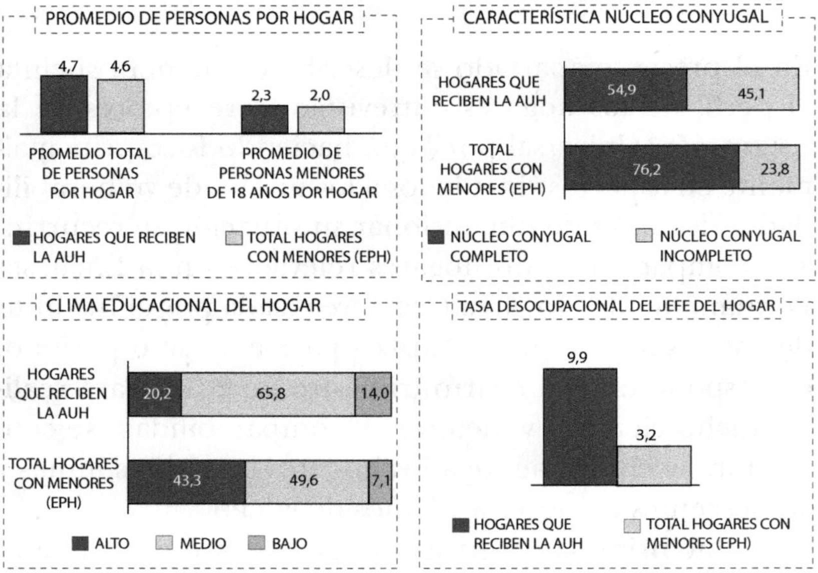

PROMEDIO DE PERSONAS POR HOGAR

- HOGARES QUE RECIBEN LA AUH: Promedio total de personas por hogar 4,7; Promedio de personas menores de 18 años por hogar 2,3
- TOTAL HOGARES CON MENORES (EPH): Promedio total de personas por hogar 4,6; Promedio de personas menores de 18 años por hogar 2,0

CARACTERÍSTICA NÚCLEO CONYUGAL

- HOGARES QUE RECIBEN LA AUH: Núcleo conyugal completo 54,9; Núcleo conyugal incompleto 45,1
- TOTAL HOGARES CON MENORES (EPH): Núcleo conyugal completo 76,2; Núcleo conyugal incompleto 23,8

CLIMA EDUCACIONAL DEL HOGAR

- HOGARES QUE RECIBEN LA AUH: Alto 20,2; Medio 65,8; Bajo 14,0
- TOTAL HOGARES CON MENORES (EPH): Alto 43,3; Medio 49,6; Bajo 7,1

TASA DESOCUPACIONAL DEL JEFE DEL HOGAR

- HOGARES QUE RECIBEN LA AUH: 9,9
- TOTAL HOGARES CON MENORES (EPH): 3,2

Estos datos deben leerse, sin duda, como predictores de exclusión. Las diferencias expresadas colocan a los niños, niñas y adolescentes que provienen de hogares que reciben AUH en una ostensible situación de mayor vulnerabilidad respecto de la media.

En el marco de las trayectorias educativas, significará que los adolescentes pertenecientes a estos hogares, de

PERFIL DE LOS HOGARES ENTREVISTADOS

no mediar una intervención estatal, tendrán en el futuro menores probabilidades de concluir con éxito sus estudios básicos. Lo cual se refuerza al considerar que estos jóvenes provienen de hogares con un clima educativo considerablemente más bajo que el promedio nacional (en tan solo dos de cada diez hogares con AUH los adultos del hogar han completado o superado el nivel secundario en promedio[6]) y por lo tanto, donde seguramente el mandato familiar ejercido sobre las nuevas generaciones es más débil que en hogares donde existen antecedentes –y "tradición"– de finalización del ciclo medio.

La segunda batería de indicadores que se presenta para redondear el perfil de hogares que abordará el informe da cuenta de los niveles de pobreza y exclusión a los que están expuestos. El primer indicador a mencionar es el índice de Necesidades Básicas Insatisfechas (NBI), que permite establecer los niveles de carencias estructurales[7]. Al respecto, se observa que este guarismo entre los hogares que acce-

---

6. El clima educativo del hogar consiste en el cálculo del promedio de años de escolaridad aprobados por los miembros de 25 y más años en el hogar. Una vez calculado el promedio de años de escolaridad aprobados, según él se clasifica a los hogares en tres grupos: bajo (menos de 7 años), medio (de 7 a 11 años) y alto (12 años o más).
7. El índice de necesidades básicas insatisfechas (NBI) permite determinar los niveles de pobreza estructural basándose en el porcentaje de hogares que poseen privaciones esenciales. Los aspectos que componen el índice de necesidades básicas insatisfechas son: vivienda inconveniente (habitaciones de inquilinato, hotel o pensión, viviendas no destinadas a fines habitacionales, viviendas precarias y otro tipo de viviendas), condiciones sanitarias del hogar (sin baño o con baño sin descarga de agua), hacinamiento (más de tres personas por cuarto), asistencia escolar (niños de entre 6 y 12 años que no asisten a la escuela) y capacidad de subsistencia (4 o más personas por miembro ocupado y jefe del hogar que no haya completado el tercer grado de escolaridad primaria). Si un hogar cumple al menos una de estas condiciones se considera que posee necesidades básicas insatisfechas.

den a la AUH equivale a más del doble de la media nacional de hogares con niños, niñas y adolescentes, alcanzando el 27,2% de ellos. Esta diferencia se explica en gran parte por la precariedad de las condiciones de vivienda (7,2% vs. 3,3%) y las condiciones sanitarias (6,0% vs. 0,7%), pero fundamentalmente por el nivel de hacinamiento en que viven quienes integran el hogar (17,4% vs. 7,6%). Resta decir, a pesar de esto, que el nivel de asistencia escolar (una de las cinco variables que integran el índice de NBI) es el único indicador que presenta mejores resultados entre los hogares con AUH respecto del total, efecto positivo incuestionable de las corresponsabilidades establecidas por la asignación.

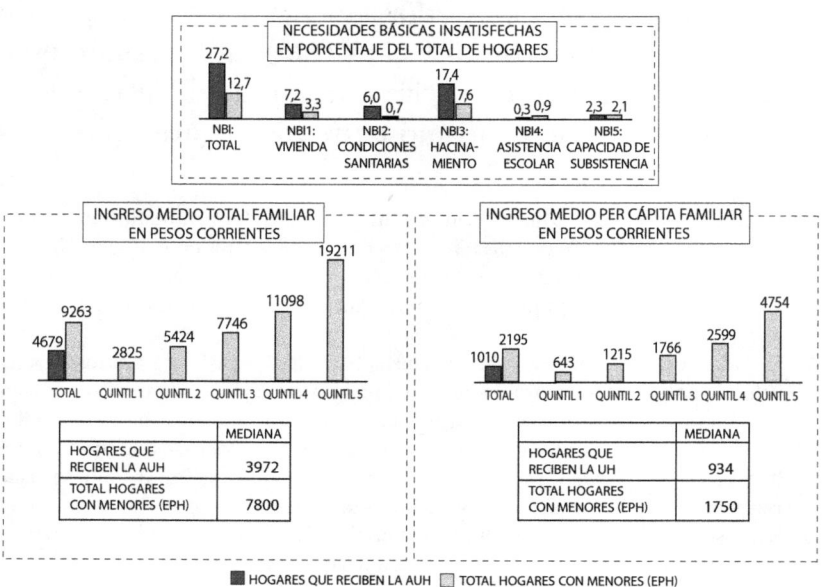

Gráfico 2
Perfil de los hogares

En segundo lugar, al considerarse la situación de ingresos se aprecia que las medias del ingreso total familiar y per cápita familiar correspondientes a los hogares que reciben AUH se sitúan por debajo del segundo quintil de la distribución del total nacional.

En el contexto descripto, y teniendo en cuenta que el análisis que se presentará recurre a menudo a comparaciones entre hogares y población receptores de AUH y hogares y población general del país, resulta imprescindible no perder de vista las diferencias socioeconómicas de base aquí explicitadas, y que ambos universos manifiestan entre sí.

V

Principales resultados de la evaluación del Programa Conectar Igualdad

1. Cobertura del Programa Conectar Igualdad
2. Hábitos de utilización de la netbook del Programa Conectar Igualdad
3. El funcionamiento de los equipos
4. Impacto del Programa Conectar Igualdad en el acceso y utilización de la computadora en los hogares
5. Percepciones sobre los efectos de la recepción de la computadora del Programa Conectar Igualdad
6. Impacto en otros miembros del hogar, en los vínculos familiares/sociales y en el aprovechamiento del tiempo libre
7. Impacto esperado en la inserción laboral
8. Satisfacción con el Programa Conectar Igualdad

En el presente apartado se aborda el alcance del Programa Conectar Igualdad (PCI) haciendo foco en su impacto sobre el acceso y utilización de TIC. Además, se presentan los resultados referidos a la utilización de la netbook en el ámbito escolar y fuera de él, el impacto de la computadora recibida en el entorno familiar y social y, por último, la evaluación del Programa por parte de los beneficiarios.

Antes de presentar los resultados del estudio sobre el Programa Conectar Igualdad en los hogares que perciben la Asignación Universal por Hijo, es importante remarcar que la población objetivo del Programa está comprendida por alumnos y docentes de escuelas públicas de nivel medio y técnicas, educación especial e institutos de formación docente. En la encuesta se le consultó a la titular de la Asignación Universal por Hijo (AUH) acerca de si sus hijos que asisten a escuelas secundarias públicas o a educación especial recibieron o no la netbook del Programa. A quienes respondieron afirmativamente se les realizaron preguntas específicas del

Programa a nivel individual y a nivel del hogar. A continuación se presentan los resultados obtenidos.

1. Cobertura del Programa Conectar Igualdad

El alcance del Programa Conectar Igualdad puede analizarse considerando la cobertura de hogares y de sus integrantes.

Entre los hogares con AUH donde algún miembro es parte de la población objetivo del Programa[8], la cobertura alcanza el 73%. Es decir que en tres de cuatro hogares con adolescentes elegibles, al menos uno de sus miembros recibió la computadora del PCI.

Este porcentaje tiene su correlato a nivel de individuos elegibles (un 74% declara haber recibido una netbook del Programa Conectar Igualdad), lo que resulta coincidente con el cumplimiento de las metas expresado por ANSES en el informe "Evaluar las políticas públicas para un desarrollo inclusivo" de septiembre de 2013, donde se estimaba que el 70% de los establecimientos educativos del país ya habían recibido las computadoras.

Este dato demuestra el alto grado de cumplimiento de uno de los objetivos principales del Programa, que consiste en garantizar el acceso a las nuevas Tecnologías de Información y Comunicación en el ámbito educativo de gestión estatal. Y más aún, por la cobertura de este Programa a los hogares más vulnerables. Los mayores porcentajes de recepción de netbooks del Programa Co-

---

8. Se trata de alumnos de establecimientos públicos de nivel secundario o educación especial.

nectar Igualdad se observan en las localidades de más de 100.000 habitantes.

Gráfico 3
Personas elegibles y hogares con miembros elegibles que recibieron la netbook del Programa Conectar Igualdad según estrato poblacional de las localidades (en %)

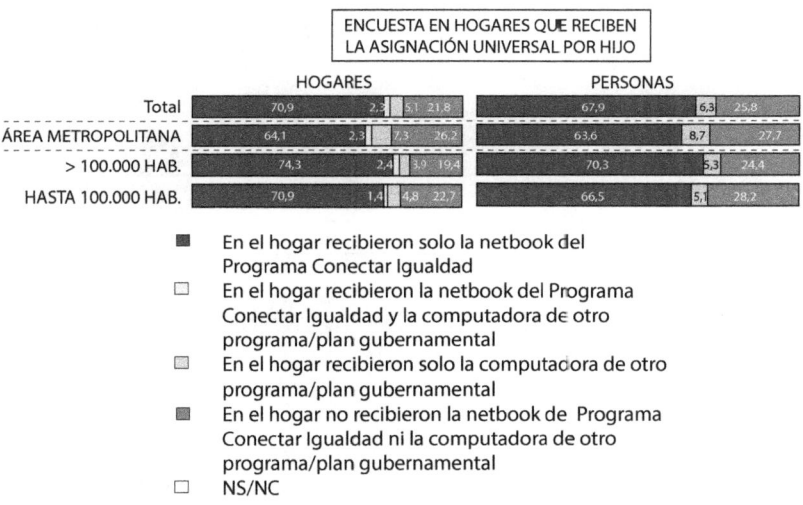

- En el hogar recibieron solo la netbook del Programa Conectar Igualdad
- En el hogar recibieron la netbook del Programa Conectar Igualdad y la computadora de otro programa/plan gubernamental
- En el hogar recibieron solo la computadora de otro programa/plan gubernamental
- En el hogar no recibieron la netbook de Programa Conectar Igualdad ni la computadora de otro programa/plan gubernamental
- NS/NC

Por estar vinculado con el alcance del Programa, es relevante presentar los resultados referidos al año de recepción de la netbook por parte de los beneficiarios, ya que permite ver la evolución del Programa desde su comienzo.

De acuerdo con los resultados de la encuesta, en la población de hogares que reciben la AUH, la mayor proporción de receptores se registra en el año 2013, momento en el que accedieron más de la mitad de los entrevistados consultados.

HACIA LA INCLUSIÓN DIGITAL

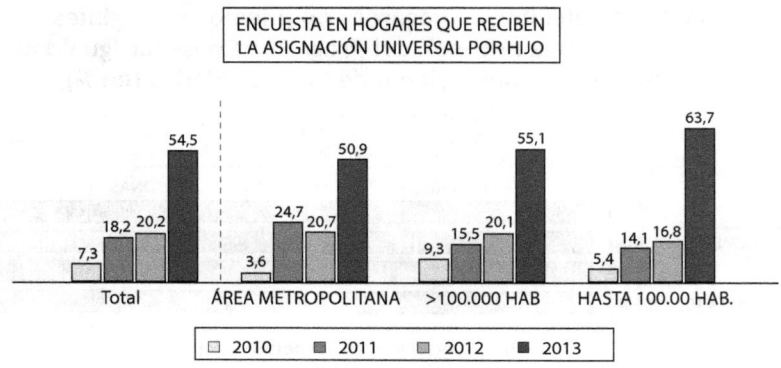

Gráfico 4
Año de recepción de la netbook
del Programa Conectar Igualdad
según estrato poblacional de las localidades (en %)

ENCUESTA EN HOGARES QUE RECIBEN LA ASIGNACIÓN UNIVERSAL POR HIJO

2. Hábitos de utilización de la netbook del Programa Conectar Igualdad

El uso escolar

Pulfer y Toranzos (2012), en sus comentarios a la evaluación del PCI, afirman que el acceso a la tecnología es sin duda el cambio más contundente que se registra en las escuelas. En algunos casos la disponibilidad previa de tecnología se limitaba al espacio del laboratorio de informática, mientras que en otros no se contaba con ninguna forma de acceso a las TIC. La llegada del Programa genera una transformación importante que en el corto plazo produce como efecto el incremento de la intensidad y la frecuencia de uso de las TIC, así como su extensión a todo el espacio escolar y extraescolar.

Por otra parte, Uranga Arboe, en "Brecha digital y las múltiples relaciones que tienen los niñ@s con Internet"

RESULTADOS DE LA EVALUACIÓN DEL PROGRAMA CONECTAR IGUALDAD

(2006), señala que existe un cierto consenso en identificar tres componentes imprescindibles para acortar la brecha digital. El "acceso" es la dimensión que probablemente más energía y recursos ha captado desde las políticas públicas y las inversiones privadas. Sin embargo, este primer paso dista mucho de lograr usos significativos por parte de las personas. Para conseguirlo, resulta fundamental un desarrollo equilibrado en conjunto con otros dos componentes que resultan clave: el "entrenamiento de habilidades básicas" para obtener una apropiación de la tecnología y el "desarrollo de contenidos útiles". En este contexto, tal como se ha visto, con acceso y uso prácticamente universales, el análisis sobre la utilización de la netbooks en el ámbito escolar deviene imprescindible.

Atento a esto, el PCI, más allá de garantizar el acceso a una computadora, persigue la meta de fomentar el uso de las TIC en el ámbito educativo de gestión estatal, apuntando a revalorizar la escuela pública a partir de la promoción de nuevos modos de construcción del conocimiento y el aumento de las posibilidades de inserción laboral en el futuro. Tanto es así que el Programa brinda capacitación docente y contenidos pedagógicos específicos.

Este apartado pondrá énfasis en dimensionar el nivel de utilización y los hábitos de uso en el ámbito educativo por parte de los receptores de las netbooks que viven en hogares donde se percibe la Asignación Universal por Hijo. Su carácter universal e inclusivo le otorga una escala y envergadura que no es comparable con ninguna política educativa anterior.

En el informe "Nuevas voces, nuevos escenarios: estudio evaluativo sobre el Programa Conectar Igualdad", de

2011, elaborado en forma conjunta por el Ministerio de Educación de la Nación y 11 universidades nacionales, se presentan los resultados de un relevamiento a nivel nacional realizado con el fin de hacer un seguimiento y evaluación del Programa. Dicho estudio refleja que el porcentaje de utilización de la netbook en la escuela en 2011 era de un 80,5%, valor que resulta similar al estimado por el Plan Ceibal de Uruguay, que cuenta con tres años más de antigüedad de aplicación. Para el universo de adolescentes provenientes de hogares que reciben la AUH y que cuentan con netbooks del PCI, la proporción de uso en la escuela se incrementa aún más, y llegó a alcanzar a nueve de cada diez jóvenes en 2013. Incluso el uso escolar llega a ser prácticamente universal entre quienes viven en localidades de menos de 100.000 habitantes.

Gráfico 5
Lugar de utilización de la netbook
del Programa Conectar Igualdad
según edad y estrato poblacional de las localidades (en %)

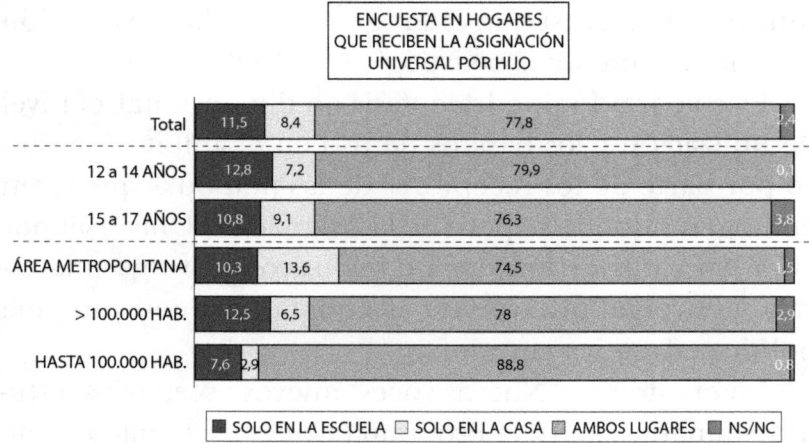

RESULTADOS DE LA EVALUACIÓN DEL PROGRAMA CONECTAR IGUALDAD

Estos altos niveles de utilización escolar superan las exigencias impuestas por la misma escuela o, dicho en otras palabras, desbordan la capacidad de muchas escuelas para dar cabida concreta al Programa como parte de la currícula ordinaria, ya que, de acuerdo con la propia vivencia de los entrevistados, la obligatoriedad de llevar la netbook a clase cae 23 puntos porcentuales por debajo del nivel de utilización señalado para el ámbito escolar. La exigencia de llevar la netbook a la escuela alcanza a dos tercios del total de los casos (66%) y solo se hace algo más notoria en los primeros niveles de educación secundaria (12 a 14 años: 70%) y en las localidades más pequeñas, donde involucra a ocho de cada diez de los beneficiarios del PCI relevados en la encuesta.

Gráfico 6
Exigencia de llevar la netbook del Programa Conectar Igualdad por parte del establecimiento educativo según edad y estrato poblacional de las localidades (en %)

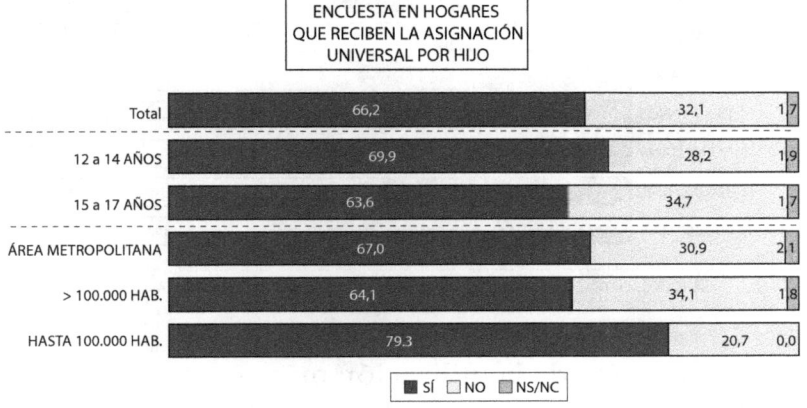

Identificados los beneficiarios que utilizan la computadora del Programa en los establecimientos educativos, se describirá a continuación la frecuencia con que lo hacen y los aspectos específicos de la utilización.

Entre quienes utilizan la computadora de Conectar Igualdad en la escuela, el 45,1% la usa todos los días, mientras que un porcentaje similar (44,3%) lo hace alguna vez en la semana, siendo residuales los valores de las demás categorías.

Son los varones, los más pequeños (12 a 14 años) y los que viven en localidades más chicas, los que utilizan la computadora de PCI con mayor periodicidad dentro del ámbito escolar.

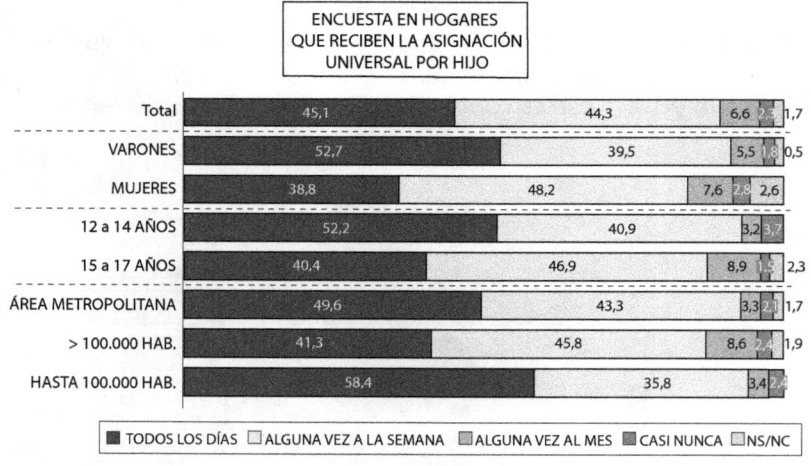

Gráfico 7
Frecuencia de utilización de la netbook de PCI en la escuela según sexo, edad y estrato poblacional de las localidades (en %)

Otro aspecto de la utilización más específico sobre el que fueron consultados los destinatarios que utilizan la netbook en el ámbito escolar es acerca de la conexión a la intranet de la escuela. Uno de cada dos responde de manera afirmativa, es decir que la mitad de los adolescentes trabaja en forma colectiva e integrada con sus compañeros y docentes. Se verifica también mayor penetración en las localidades más pequeñas, donde la conexión a la intranet del Programa alcanza a siete de cada diez casos.

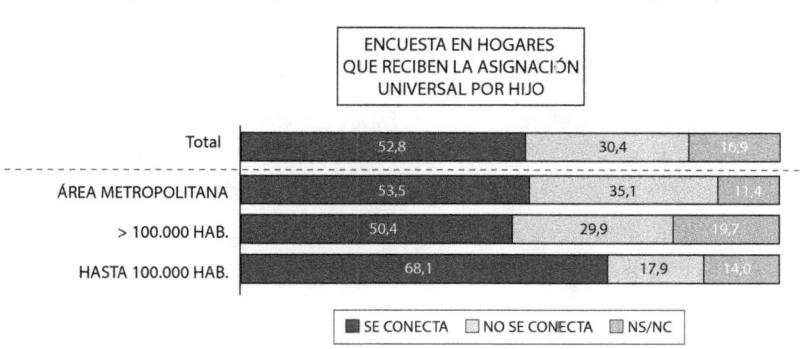

Gráfico 8
Conexión a la intranet de la escuela según estrato poblacional de las localidades (en %)

ENCUESTA EN HOGARES QUE RECIBEN LA ASIGNACIÓN UNIVERSAL POR HIJO

	SE CONECTA	NO SE CONECTA	NS/NC
Total	52,8	30,4	16,9
ÁREA METROPOLITANA	53,5	35,1	11,4
> 100.000 HAB.	50,4	29,9	19,7
HASTA 100.000 HAB.	68,1	17,9	14,0

Continuando con los hábitos de uso en los establecimientos educativos, es de gran importancia el nivel de utilización de la netbook para las diferentes materias. Del total de beneficiarios que utilizan la computadora del Programa Conectar Igualdad en la escuela, cerca de nueve de cada diez la emplean para trabajar con todas o algunas materias del colegio. Estos resultados ponen de manifiesto que el Programa Conectar Igualdad favorece la incorporación de las TIC en el proceso de enseñanza y aprendizaje.

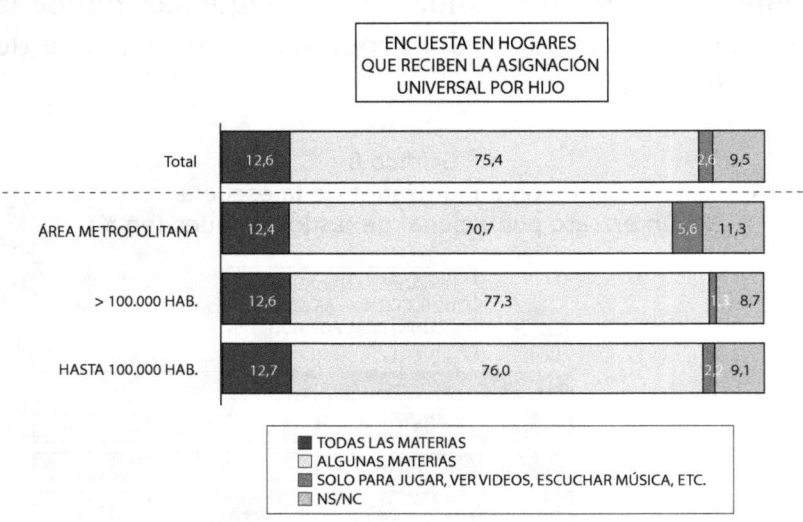

Gráfico 9
Utilización de la netbook del Programa Conectar Igualdad para materias de la escuela según estrato poblacional de las localidades (en %)

De los receptores de computadoras del Programa Conectar Igualdad que utilizan la netbook en la escuela para una o más materias, un 63,2% lo hace mediante programas específicos diseñados para estas. La utilización de contenidos digitales específicos para materias escolares tiene una mayor presencia en los adolescentes de 15 a 17 años (seis puntos porcentuales más que los de 12 a 14 años).

La utilización en la escuela es diferente en el área metropolitana, donde quienes acceden a programas específicos para las materias representan un porcentaje mayor. Este porcentaje desciende gradualmente a medida que se reduce el tamaño poblacional de las localidades donde viven los beneficiarios.

Gráfico 10
Utilización de programas específicos para materias de la escuela según edad y estrato poblacional de las localidades (en %)

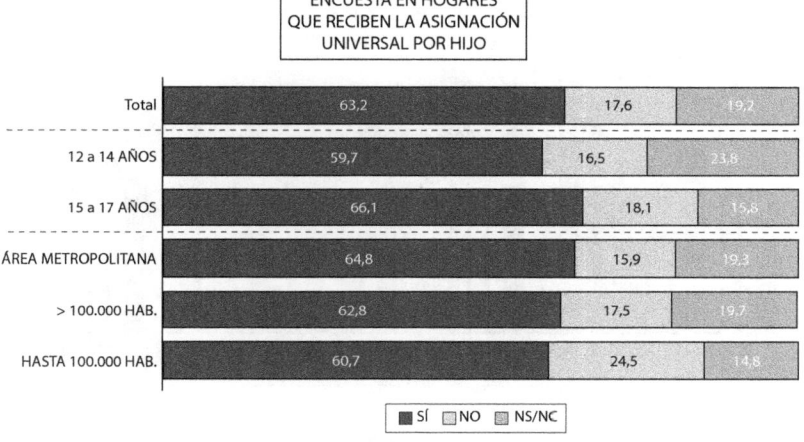

En lo que se refiere a la utilización específica de contenidos escolares con la netbook del Programa, el uso más difundido es el de softwares específicos para Lengua y Literatura (50%), seguidos por Historia y luego Ciencias Exactas y Naturales. El uso de programas para Matemática arroja los niveles menores, llegando a casi el 29% del total urbano.

El último aspecto evaluado sobre el uso específico de la netbook del Programa Conectar Igualdad en la escuela es su utilización en el ámbito creativo, como dibujar, hacer videos, sacar fotos y editar videos o audio. Este destino involucra a uno de cada dos estudiantes del PCI.

En términos generales, el porcentaje de receptores de la netbook que la utilizan para dichas actividades resulta equiparable al observado para programas específicos de las materias.

HACIA LA INCLUSIÓN DIGITAL

Gráfico 11
Materias para las que utiliza programas específicos
en la netbook del Programa Conectar Igualdad
según edad y estrato poblacional de las localidades (en %)

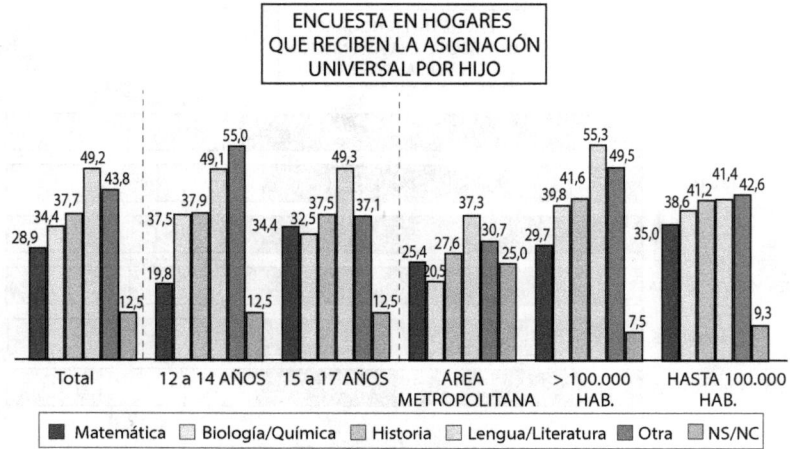

Nota: los datos contenidos en este gráfico deben leerse como tendencias, dado el alto coeficiente de variación que presenta esta desagregación.

Gráfico 12
Utilización de la netbook del Programa Conectar Igualdad para
dibujar, hacer videos, sacar fotos o editar video o audio
según edad y estrato poblacional de las localidades (en %)

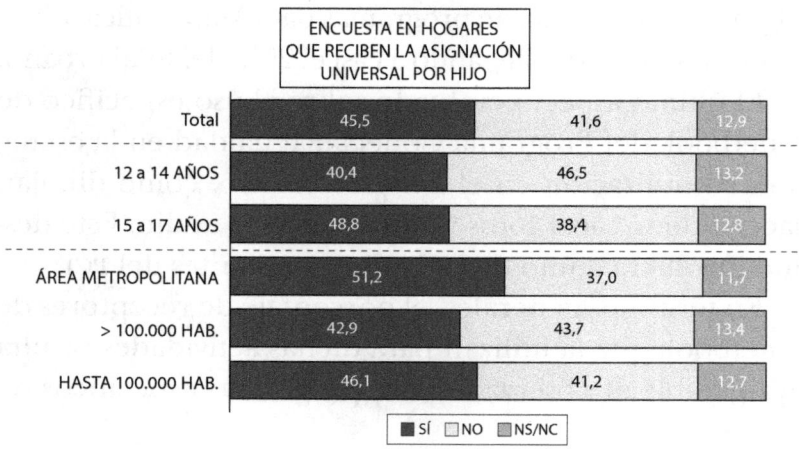

En particular, dichas actividades tienen mayor difusión en el segmento de 15 a 17 años (8 puntos porcentuales más que el grupo de 12-14 años) y en los alumnos del área metropolitana (51%).

Los usos extraescolares

Una vez abordados los hábitos de uso de la netbook del PCI en el ámbito escolar, se procede a describir los resultados referidos a la utilización extraescolar, con un énfasis particular en la incidencia de los usos hogareños.

Ya se señalaba en "Nuevas voces, nuevos escenarios: estudios evaluativos sobre el Programa Conectar Igualdad" (2011) que en el espacio del hogar la aparición del Programa de la mano de los estudiantes ha revolucionado la vida cotidiana no solo de ellos sino también de sus familias, donde emergieron usos no escolares y la instalación progresiva de ciertas dinámicas familiares asociadas a la presencia de la netbook en el hogar. Es significativa la referencia permanente a cambios de roles y a la configuración de los vínculos familiares. Se observa un mayor vínculo entre padres e hijos a través de la tecnología, ya que en muchos casos estos últimos se convierten en alfabetizadores tecnológicos de sus padres.

En este contexto, la llegada del PCI abre un espacio en el que los estudiantes comienzan a ocupar un rol novedoso al que acceden por detentar un saber preciado y escaso entre los mayores de su entorno. Pasan a ser ellos, los jóvenes, los que comparten conocimientos socialmente valorados y acercan a las otras generaciones el contacto con la tecnología.

Ha podido apreciarse ya en el Gráfico 5 que la utilización hogareña de las computadoras del PCI supera en todos los casos el 85% y se hace más significativa cuanto menor es el tamaño de la localidad; es decir, allí donde las posibilidades de incorporarse a las nuevas tecnologías de información y comunicación resultan más dificultosas, lo cual permite marcar un impacto importante del Programa. Y, si bien la frecuencia de uso es algo menor que en la escuela, los porcentajes no son nada desdeñables, ya que prácticamente ocho de cada diez jóvenes utilizan la computadora del Programa en el hogar al menos una vez por semana, en tanto que prácticamente la mitad lo hace todos los días.

Al igual que en la escuela, son los varones quienes la usan con mayor frecuencia, estableciendo una diferencia de 10 puntos porcentuales con respecto al sexo femeni-

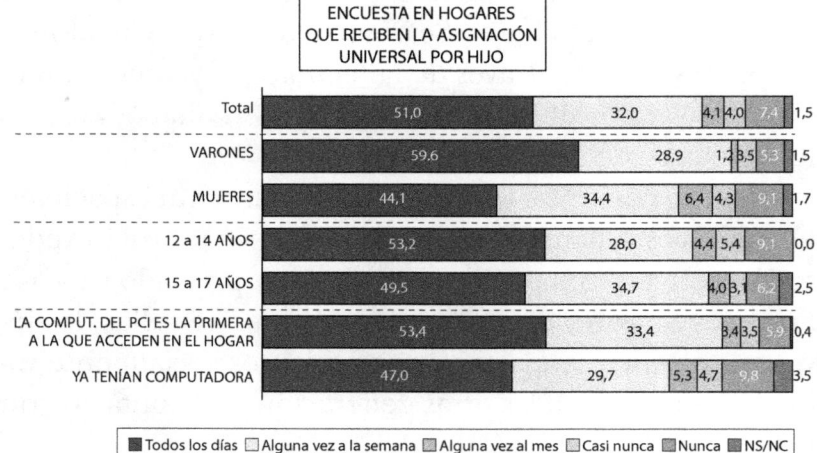

Gráfico 13
Frecuencia de utilización de la netbook del PCI en la casa según sexo, edad y si la computadora del PCI es la primera del hogar (en %)

no. La edad, en cambio, no demuestra ser un factor determinante en la frecuencia de uso en el hogar.

Otro factor con una clara influencia en la frecuencia de utilización es si la computadora del PCI es la primera a la que acceden en el hogar o si ya poseían una previamente. En el caso de los receptores cuya primera computadora fue la del Programa Conectar Igualdad, se observa una mayor frecuencia en el uso hogareño respecto de quienes ya poseían una computadora. Esta diferencia alcanza a 10 puntos porcentuales.

Respecto a la transferencia de conocimientos a otros miembros del hogar, cabe decir que del total de adolescentes que recibieron la netbook del PCI más de la mitad declara enseñar a otros integrantes del hogar cómo utilizar la computadora. Este dato es coincidente con el presentado en el estudio de evaluación del Programa realizado en 2011 por el Ministerio de Educación de la Nación y 11 universidades a nivel nacional, donde se afirma que un 50% de los alumnos entrevistados que recibieron la netbook del Programa Conectar Igualdad le enseñó a familiares a utilizarla, resaltando la relevancia del rol de "alfabetizadores digitales" que asumen los estudiantes secundarios al hacer expansivo el efecto inclusivo del Programa más allá del ámbito escolar.

3. El funcionamiento de los equipos

La evaluación por parte de los destinatarios del funcionamiento de la computadora del PCI es positiva. Aproximadamente un 60% considera que la netbook funciona bien, mientras que el 40% considera que funciona mal o "más o menos", por diferentes motivos.

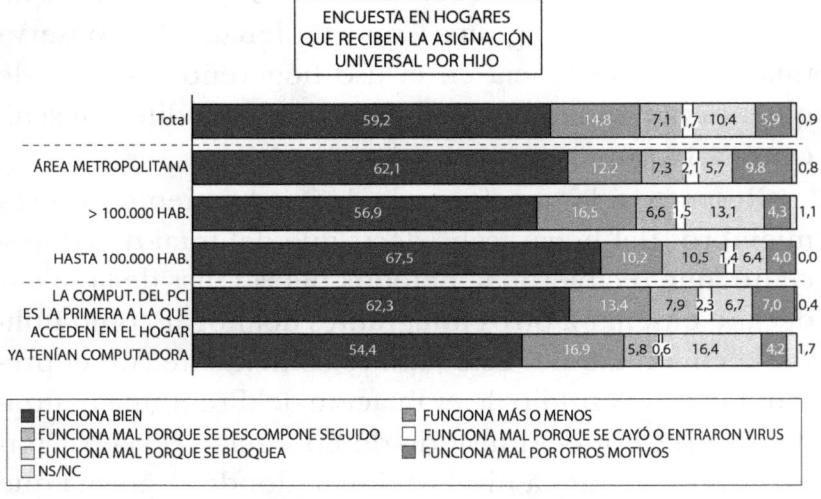

Gráfico 14
Evaluación del funcionamiento de la netbook del PCI según estrato poblacional de las localidades y si la computadora del PCI es la primera del hogar (en %)

En las localidades más pequeñas y entre quienes la computadora es la primera del hogar, el nivel de conformidad con el funcionamiento de la netbook del Programa es mayor.

4. Impacto del Programa Conectar Igualdad en el acceso y utilización de la computadora en los hogares

Entre los objetivos del Programa Conectar Igualdad se encuentra la reducción de la brecha de alfabetización digital en la población al proporcionar el acceso a la computadora en los hogares.

RESULTADOS DE LA EVALUACIÓN DEL PROGRAMA CONECTAR IGUALDAD

Para dimensionar el impacto del Programa en el acceso y utilización de la computadora, así como la frecuencia de su uso, resulta relevante comparar los resultados del estudio de hogares que perciben la Asignación Universal por Hijo con los del total de hogares a nivel nacional relevados en la Encuesta Nacional sobre Acceso y Uso de Tecnologías de la Información y la Comunicación (ENTIC) realizada por el INDEC en 2011. Asimismo, se introduce una comparación con los hogares del total urbano correspondientes al primer cuartil de ingreso per cápita familiar, que por sus características socioeconómicas resultan similares a la población objetivo de la evaluación (hogares receptores de la Asignación Universal por Hijo).

Como se observa en el Gráfico 15, el porcentaje de hogares con AUH que accede a una computadora en el hogar alcanza valores similares a los reflejados por la ENTIC 2011 para el total de hogares urbanos del país (52%). Este porcentaje supera en 16 puntos porcentuales al registrado entre los hogares urbanos correspondientes al primer cuartil de ingreso per cápita familiar. Este gráfico tiene por objetivo demostrar la incidencia del Programa Conectar Igualdad en las posibilidades de acceso que ofrece a estos hogares, que de otra manera probablemente se encontrarían privados de computadora.

El gráfico comparativo de diferentes subuniversos divide sus guarismos para los hogares con AUH según si la computadora que poseen proviene del Programa Conectar Igualdad o si ya tenían una computadora en el hogar, independientemente de haber recibido la netbook o no. Esta distinción entre los hogares que identifica aquellos en donde la primera computadora es la otorgada por el PCI permite dimensionar el efecto inclusivo del Programa.

En primer lugar, cabe destacar que una cuarta parte de los hogares que reciben AUH y cuentan con al menos una computadora en el hogar ha tenido acceso por primera vez a esta tecnología gracias al Programa Conectar Igualdad.

Gráfico 15
Acceso de los hogares a una computadora (en %)

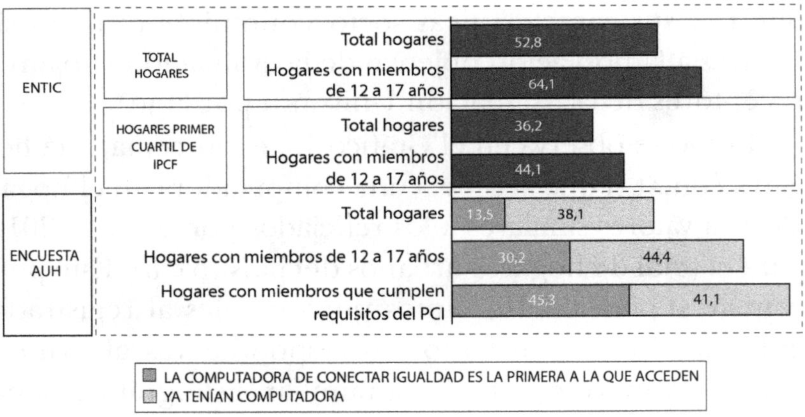

ENTIC	TOTAL HOGARES	Total hogares	52,8
		Hogares con miembros de 12 a 17 años	64,1
	HOGARES PRIMER CUARTIL DE IPCF	Total hogares	36,2
		Hogares con miembros de 12 a 17 años	44,1
ENCUESTA AUH		Total hogares	13,5 / 38,1
		Hogares con miembros de 12 a 17 años	30,2 / 44,4
		Hogares con miembros que cumplen requisitos del PCI	45,3 / 41,1

■ LA COMPUTADORA DE CONECTAR IGUALDAD ES LA PRIMERA A LA QUE ACCEDEN
□ YA TENÍAN COMPUTADORA

En segundo lugar se dirá que, al analizarse la posesión de computadora en hogares con miembros de entre 12 y 17 años[9], los hogares que perciben la AUH acceden a una computadora en mayor medida que la población general, con 10 puntos porcentuales de diferencia a su favor respecto de la media nacional (74,6% vs. 64,1%) y una bre-

---

9. Es importante aclarar que se toma como criterio el rango etario de 12 a 17 años por tratarse de la edad teórica de la educación media, ya que precisamente los alumnos de escuelas secundarias públicas son una de las poblaciones objetivo del Programa.

cha superior a 30 puntos porcentuales en relación con los hogares del primer cuartil de ingreso per cápita (44,1%). El porcentaje de hogares AUH que ya poseían una computadora es similar al registrado entre los hogares del primer cuartil de IPCF del total urbano, lo que pone de manifiesto la influencia del Programa Conectar Igualdad en el acceso y reducción de la brecha digital.

Por otra parte, acentuando más aún el peso del Programa en el acceso a una computadora, la posesión se incrementa en los hogares donde algún miembro cumple los requisitos (86,4%), pudiéndose observar que los hogares cuya primera computadora es la netbook del Programa alcanzan una proporción superior a la mitad de los casos relevados. En otras palabras, en los hogares que cumplen condiciones de elegibilidad del Programa, el acceso a una computadora abarca a más del 80% de ellos, siendo que en un 45% del total de los casos el acceso se debe al Programa y corresponde a la primera computadora. Este porcentaje de acceso duplica el relevado en 2011 por la ENTIC para los hogares con adolescentes de entre 12 y 17 años pertenecientes al primer cuartil de ingresos (44%).

Con respecto a la utilización de computadora, las diferencias son mayores que las existentes en el acceso, siendo mayor la utilización entre la población general (estudio ENTIC 2011) que entre las personas que viven en hogares donde algún miembro recibe la Asignación Universal por Hijo.

Si bien la población destinataria del Programa Conectar Igualdad en términos generales es la de los adolescentes que asisten al nivel secundario (de 12 a 17 años), resulta interesante poder analizar el efecto "ampliado" del Programa sobre el resto de los miembros del hogar, que también pueden acceder a la netbook. Por esta razón, se incluye en los próximos gráficos también a la población de 10 años y más como punto de referencia.

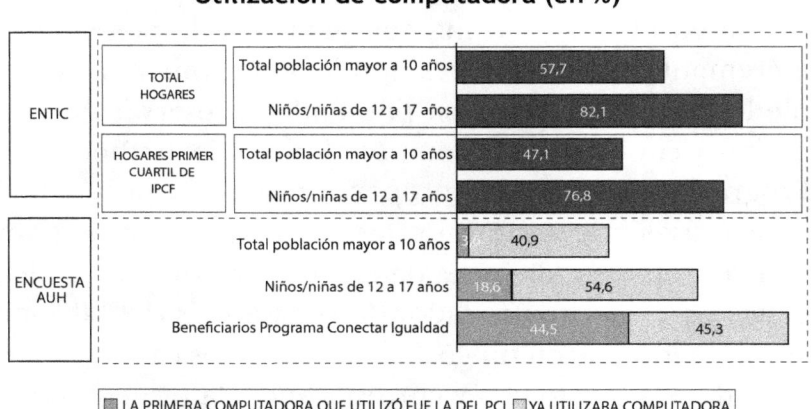

Gráfico 16
Utilización de computadora (en %)

Ahora bien, si se presta atención a la incidencia del Programa Conectar Igualdad, a partir de la posibilidad que brinda el estudio de diferenciar entre quienes utilizaron una computadora por primera vez como consecuencia de dicho Programa y quienes ya lo habían hecho antes, se observa que la brecha de utilización favorable a los primeros se reduce notablemente como efecto directo del Programa en la población de 12 a 17 años e incluso desaparece cuando se considera exclusivamente a los jóvenes que han accedido a una netbook del Programa. Entre estos últimos, nueve de cada diez utilizan la computadora y para la mitad de ellos significó su primera experiencia informática.

Es decir que el Programa logró una fuerte reducción de la brecha digital en los adolescentes que residen en hogares vulnerables, de 45 puntos porcentuales. Por lo que más de cuatro de cada diez adolescentes de hogares que reciben AUH y que antes no utilizaban computadora ahora usan la netbook de Conectar Igualdad.

Como último aspecto para evaluar el efecto del Programa Conectar Igualdad sobre la utilización de computadoras se establece una comparación de la frecuencia de uso de dicho dispositivo entre la población del total de hogares del país (ENTIC 2011) y la de los que habitan hogares en los que se percibe la Asignación Universal por Hijo.

Gráfico 17
Frecuencia de utilización de computadora (en %)

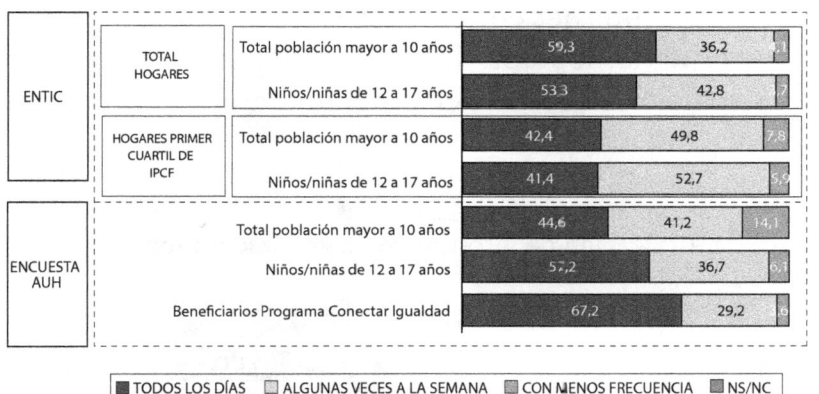

En la Encuesta Nacional sobre Acceso y Uso de Tecnologías de la Información y la Comunicación (ENTIC) se consultó a los entrevistados si la frecuencia de la utilización de la computadora excluía el uso de internet y en la encuesta aplicable a hogares donde perciben la Asignación Universal por Hijo se los consultó sin establecer esa distinción en el uso.

El porcentaje de personas de 10 años o más que utilizan en forma semanal una computadora es superior en la población total (ENTIC 2011). Además, es mayor la frecuencia si se tiene en cuenta que las personas que la utilizan todos los días también representan un porcentaje más elevado en el estudio realizado por el INDEC. Sin embargo, entre los jóvenes de hogares receptores de la AUH que cuentan con la computadora del Programa Conectar Igualdad, más de dos tercios la usan de forma diaria y prácticamente el tercio restante lo hace semanalmente, lo que pone en evidencia que el Programa intensifica la frecuencia de uso en comparación con el resto de la población que accede a la computación.

Para concluir este apartado se analizará el efecto del PCI sobre el nivel de utilización de Internet con computadora. Aun cuando el Programa no contempla la provisión de conexión a Internet entre sus objetivos, aquellas personas que tienen conexión en sus hogares o quienes acceden a Internet en un lugar público pueden hacerlo a través de la netbook de Conectar Igualdad, lo cual es una ventaja adicional del Programa aunque no era un impacto esperado.

Gráfico 18
Utilización de Internet con computadora (en %)

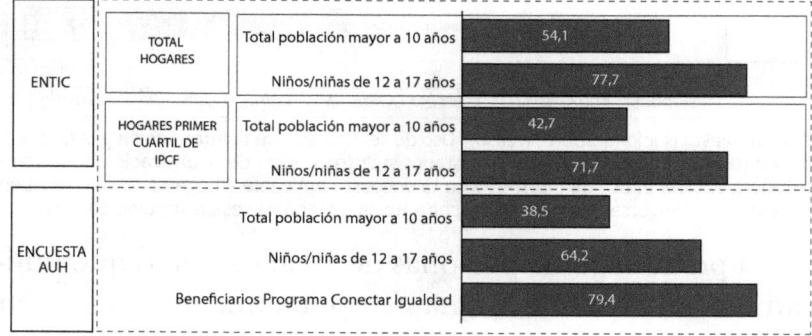

Por otra parte, la familiaridad con el empleo de la computadora, que sí procura el Programa –en forma directa de los adolescentes que la reciben e indirecta de sus familias, según se ha constatado más arriba–, es una precondición para poder acceder a la red; el uso de Internet requiere necesariamente de la adquisición previa de esas destrezas, así como de la posesión del medio que lo permite: la computadora.

Se destaca que las diferencias de utilización entre ambas poblaciones son abultadas cuando se compara la población de 10 años y más (supera los 15 puntos porcentuales). Esta brecha, si bien se hace algo menor cuando la comparación se establece entre la población de 12 a 17 años, mantiene una diferencia considerable (13 puntos porcentuales). Sin embargo, el nivel más alto de utilización se aprecia entre los receptores de la netbook del PCI, dato que no hace más que mostrar una vez más las capacidades potenciales del Programa, ya que evidentemente, aún sin garantizar conectividad (aspecto no contemplado entre sus objetivos), ejerce un efecto de tracción porque facilita el acceso de los jóvenes estudiantes secundarios a la sociedad de la información al brindarles el medio material para hacerlo y adiestrarlos en su empleo.

5. Percepciones sobre los efectos de la recepción de la computadora del Programa Conectar Igualdad

En este apartado se presentan los principales resultados del estudio referidos al impacto del Programa Conectar Igualdad y la percepción de él en aspectos vinculados con la asistencia y rendimiento escolar, inserción en el mercado laboral, cambios en la forma de vincularse con familiares y amigos, aprovechamiento del tiempo libre y efectos sobre otros miembros del hogar, principalmente enfocado en el aprendizaje de la utilización de TIC. Cabe recordar que uno de los efectos principales del Programa ya fue analizado antes, al presentar el impacto sobre el acceso y uso de la computadora e Internet de los individuos y en los hogares que perciben la Asignación Universal por Hijo.

Es de gran relevancia presentar la percepción por parte de las titulares de la Asignación Universal por Hijo acerca de la recepción de la computadora del Programa Conectar Igualdad[10].

En este sentido, es destacable que la entrega de computadoras a los estudiantes es percibida como un factor que iguala las oportunidades de los jóvenes, reflejado en el alto porcentaje de respondentes que consideran que el Programa tiene este efecto en gran medida o en alguna medida (85%).

Puede agregarse al respecto que, coincidentemente, en el estudio llevado a cabo por 11 universidades nacionales para el universo total de beneficiarios, tanto para el 85% de los estudiantes como para el 86% de los adultos, el Programa contribuye a generar igualdad de oportunidades entre los jóvenes de mayores y menores recursos.

En el universo de hogares con AUH la percepción sobre la recepción de la computadora del Programa como generadora de igualdad de oportunidades tiene mayor

---

10. Las titulares de AUH que fueron entrevistadas son las madres de los beneficiarios directos del PCI y respondieron a las preguntas acerca de los efectos del Programa en su/s hijo/s y en su hogar. En muy pocos casos, los beneficiarios de PCI del hogar no son hijos de la titular de la AUH, pero están a su cargo.

peso entre las entrevistadas del área metropolitana que en el resto de los estratos poblacionales, descendiendo dicha consideración en las localidades de menor tamaño.

Gráfico 19
Percepción del nivel en que la netbook del PCI les da las mismas oportunidades que a otros jóvenes según estrato poblacional de las localidades y si la computadora del PCI es la primera del hogar (en %)

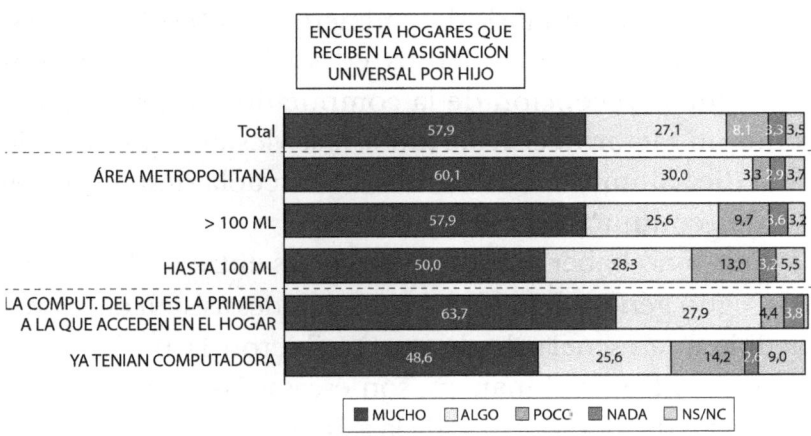

Asimismo, estas percepciones positivas se potencian en los hogares que accedieron por primera vez a una computadora por medio del PCI, donde el Programa es considerado en mayor proporción (17 puntos porcentuales más respecto de quienes ya poseían computadora previamente) como muy influyente sobre la reducción de la brecha digital y la equiparación de oportunidades. Esta variación pone de manifiesto que el impacto es percibido como más trascendental entre quienes antes de la existencia del Programa no estaban incluidos en el "mundo digital", como se expresa en el informe "Nuevas voces, nuevos escenarios: estudios evaluativos sobre el Programa Conectar Igualdad".

Es de suma importancia para el presente estudio medir el impacto que produce la recepción de la netbook del Programa Conectar Igualdad en la asistencia y el rendimiento escolar de los estudiantes. Para ello se le consultó sobre los efectos del Programa en cuestiones educativas al titular de la Asignación Universal por Hijo de cada beneficiario.

En cuanto al análisis del impacto del PCI sobre la asistencia a los establecimientos educativos, puede observarse que la recepción de la computadora no se percibe como un factor decisivo. Aun así, se destaca que uno de cada diez alumnos falta menos a la escuela desde que recibió la computadora del PCI.

Pese a no haber grandes diferencias entre los beneficiarios según género, son los varones quienes asisten en mayor medida a la escuela desde que recibieron la netbook del Programa. De igual manera, son escasas las diferencias en los niveles de modificación de la asistencia entre los dos rangos de edad analizados, pudiéndose destacar, pese a esto, que los beneficiarios de 12 a 14 años experimentan una reducción de sus inasistencias en comparación con los de 15 a 17 años desde que recibieron la netbook del Programa.

También con diferencias leves puede observarse en el gráfico que los beneficiarios que viven en hogares cuya primera computadora es la del Programa son los más susceptibles a faltar menos a clase a partir del momento en que accedieron al Programa (Gráfico 20).

En lo que respecta a los estratos poblacionales, son los beneficiarios de las localidades de menor tamaño los que faltan menos a los establecimientos educativos desde

RESULTADOS DE LA EVALUACIÓN DEL PROGRAMA CONECTAR IGUALDAD

que recibieron la computadora del Programa Conectar Igualdad (Gráfico 21).

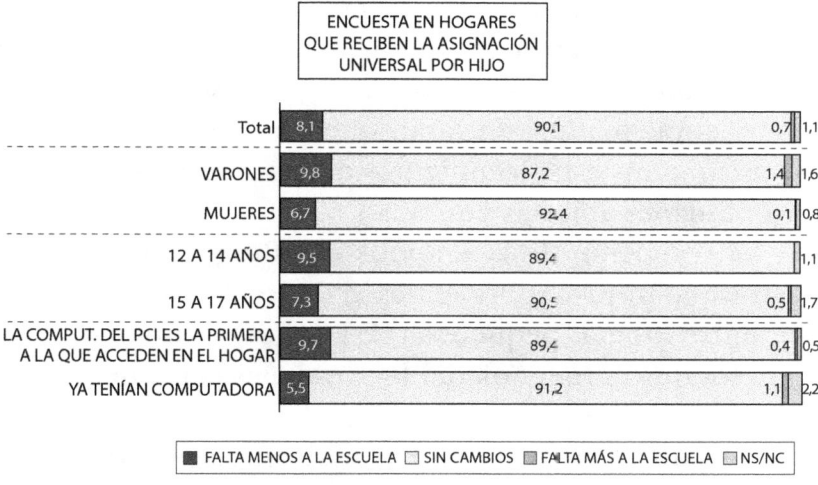

Gráfico 20
Cambios en la asistencia a establecimientos educativos desde la recepción de la netbook de Conectar Igualdad según sexo, edad y si la computadora del PCI es la primera del hogar (en %)

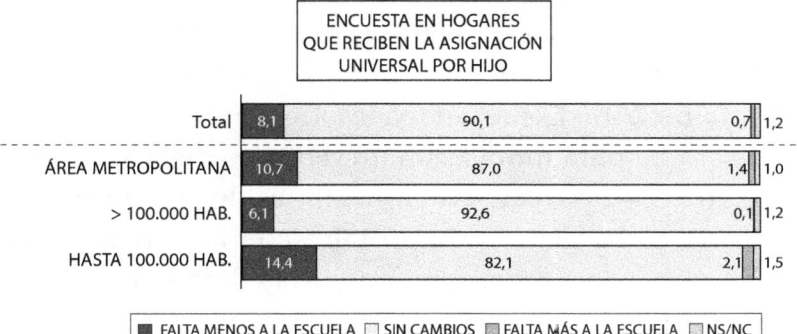

Gráfico 21
Cambios en la asistencia a establecimientos educativos desde la recepción de la netbook de Conectar Igualdad según estrato poblacional (en %)

La modificación de la voluntad de asistir a los establecimientos educativos es relevante por ser un aspecto complementario –y con frecuencia determinante– de los cambios en la asistencia en sí mismos.

La capacidad motivadora del Programa, medida como influencia sobre el estado de ánimo y la voluntad de ir a la escuela, se muestra mucho mayor que el impacto sobre la asistencia en sí misma, alcanzando una proporción de casi uno de cada cinco alumnos receptores de la netbook, cuyas madres declaran que evidencian más ganas de asistir a los establecimientos educativos a partir de las posibilidades abiertas por el PCI.

La recepción de la netbook del Programa como un factor que influye sobre el deseo de ir a la escuela es mayor entre los más pequeños (12-14 años) y entre aquellos para los que la netbook del Programa es la primera computadora del hogar (Gráfico 22). En tanto que las diferencias son aún mayores entre los distintos perfiles de beneficiarios según su lugar de residencia: los beneficiarios de localidades más pequeñas prácticamente duplican en sus guarismos a los restantes en lo que respecta a la mayor motivación que ha significado el PCI como estímulo de la asistencia escolar (Gráfico 23).

Cabe señalar que en el informe de evaluación del Programa ya mencionado con anterioridad (Ministerio de Educación, 2011) se resaltaba la capacidad que ha tenido el Programa para motivar un incremento de la asistencia, así como para reducir las expresiones de violencia escolar, generar un mayor compromiso con las tareas escolares y promover un mejoramiento del clima educativo en general.

Gráfico 22
Cambios en la actitud hacia la escuela desde la recepción de la netbook de Conectar Igualdad según sexo, edad y si la computadora del PCI es la primera del hogar (en %)

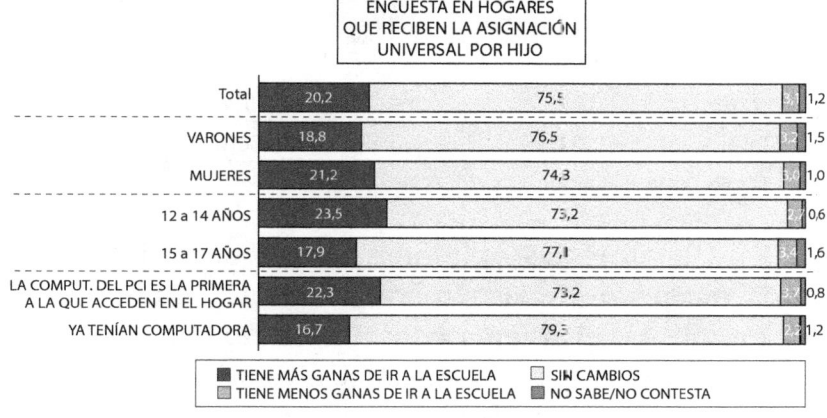

Gráfico 23
Cambios en la actitud hacia la escuela desde la recepción de la netbook de Conectar Igualdad según estrato poblacional de las localidades (en %)

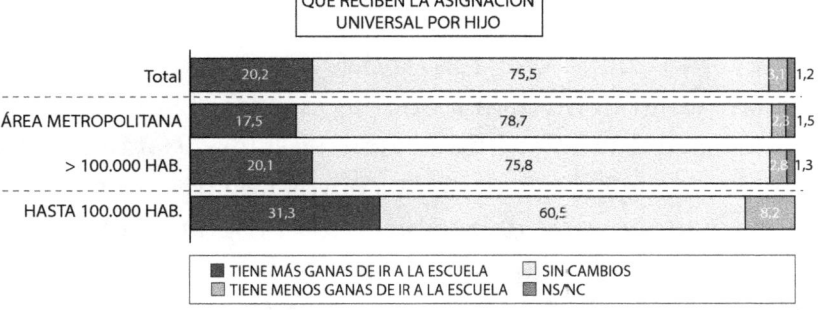

Asimismo, si observamos las faltas reiteradas –más de tres veces por semana– podemos advertir un efecto positivo, en donde el PCI contribuye a incrementar el interés y está logrando retener a los adolescentes.

Cuadro 2
Nivel de inasistencias de los adolescentes según pertenencia al Programa (en %)

Faltas reiteradas	Adolescentes del PCI	Adolescentes que no recibieron la netbook y no tienen computadora en su casa
Sí	17,9	24,1
No	82,1	75,9
Total	100,0	100,0

FUENTE: Encuesta evaluación AUH 2013-2014.

Para analizar las opiniones acerca de la influencia de la recepción de la netbook sobre la continuidad de los jóvenes en el sistema educativo también se consultó a las titulares de la Asignación Universal por Hijo. Los resultados obtenidos de dicha pregunta muestran que el impacto esperado del Programa sobre la continuidad de los jóvenes en el sistema educativo es notorio, desprendiéndose de esto que se percibe como un factor de gran peso para evitar la deserción y favorecer la terminación con éxito del ciclo secundario.

El porcentaje que respondió que el Programa va a ayudar en gran medida a que los jóvenes sigan estudiando alcanza a la mitad de los entrevistados (Gráfico 24). En el caso de los entrevistados cuyos hogares no poseían computadora antes de recibir la del Programa, el impacto del PCI en el futuro, en términos de facilitar la culminación exitosa del ciclo escolar, es percibido aún como más relevante.

En cuanto a la cantidad de horas dedicadas al estudio, el impacto del PCI resulta moderado. Un 15% declara que la llegada de la computadora motivó una mayor dedicación

RESULTADOS DE LA EVALUACIÓN DEL PROGRAMA CONECTAR IGUALDAD

al estudio, en tanto que para algo menos de un 10% significó una merma en la cantidad de horas de dedicación a tareas escolares. El impacto positivo resulta algo mayor entre mujeres (19%) (Gráfico 25) y en las localidades más pequeñas (21%) (Gráfico 26).

Gráfico 24
Percepción del nivel en que la netbook de PCI va a ayudar a que los jóvenes sigan estudiando según si la computadora del PCI es la primera del hogar (en %)

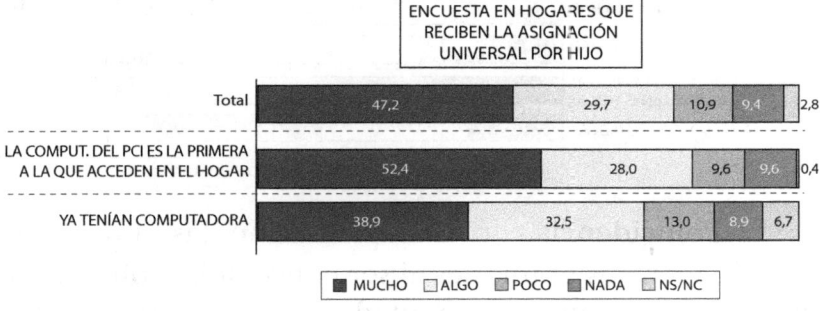

Gráfico 25
Cambios en la cantidad de horas de estudio en el hogar desde la recepción de la netbook de Conectar Igualdad según sexo, edad y estrato poblacional de las localidades (en %)

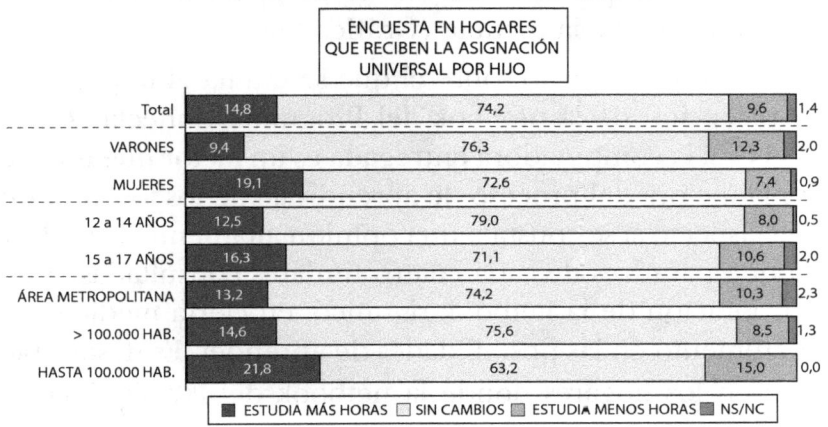

Gráfico 26
Percepción del nivel en que los jóvenes se distraen más y estudian menos desde que recibieron la netbook del Programa Conectar Igualdad según estrato poblacional de las localidades y si la computadora del PCI es la primera del hogar (en %)

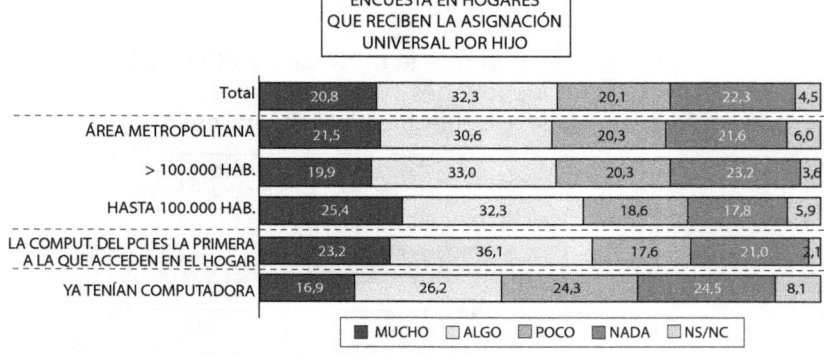

En coincidencia con esta apreciación, las titulares de AUH dividen sus opiniones al ser consultadas sobre la incidencia de la nueva computadora como factor distractivo del estudio. Algo más de un 20% advierte que, con la llegada de la netbook, los jóvenes se distraen más y estudian menos, en tanto que un 22% asume lo contrario, es decir, que dedican mayor tiempo y esfuerzo a las obligaciones de la escuela (Gráfico 26).

El último aspecto sobre el que se evalúa el impacto de la recepción de la netbook del Programa Conectar Igualdad es si la computadora entregada es un factor que influye en la mejora del proceso de aprendizaje de los jóvenes. En este aspecto sí se constata una opinión altamente favorable, ya que para tres de cada cuatro titulares consultadas la incorporación de la netbook significó, en cierta medida, un incremento en las posibilidades de aprender. Es destacable que en los hogares donde la netbook del PCI significó el primer acercamiento a esta nueva tecnología el impacto declarado se hace notablemente mayor que en aquellos donde ya existía una computadora previamente a la llegada del Programa.

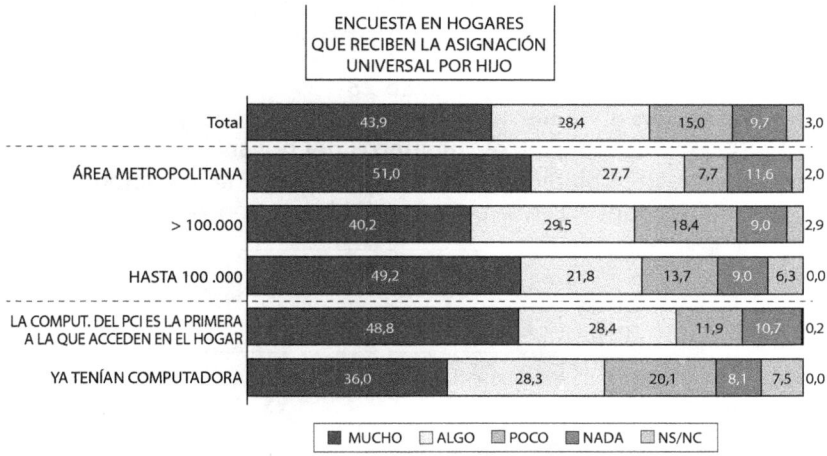

Gráfico 27
Percepción del nivel en que los jóvenes aprenden más
con la netbook del Programa Conectar Igualdad
según estrato poblacional de las localidades y si la computadora
del PCI es la primera del hogar (en %)

6. Impacto en otros miembros del hogar, en los vínculos familiares/sociales y en el aprovechamiento del tiempo libre

Pasando a la percepción del impacto de la recepción de la netbook del Programa Conectar Igualdad en las familias de los beneficiarios, el primer aspecto a analizar es el nivel de utilización por parte de otros miembros del hogar de la computadora del Programa. Dicho valor supera el 50% del total de hogares con beneficiarios del

Programa y resulta significativamente superior donde la computadora del PCI ha sido la primera a la que acceden en el hogar (59,7%).

En lo que respecta al efecto de la recepción de la netbook en la interacción y los vínculos familiares, también es claro, y se encuentra plasmado en que aproximadamente en la mitad de los hogares la computadora del Programa es utilizada en forma familiar. Una vez más, la influencia se hace más notoria en los hogares donde la netbook ha sido la primera computadora del hogar.

Gráfico 28
Utilización de la netbook del Programa Conectar Igualdad por otros miembros del hogar
según estrato poblacional de las localidades y si la computadora del PCI es la primera del hogar (en %)

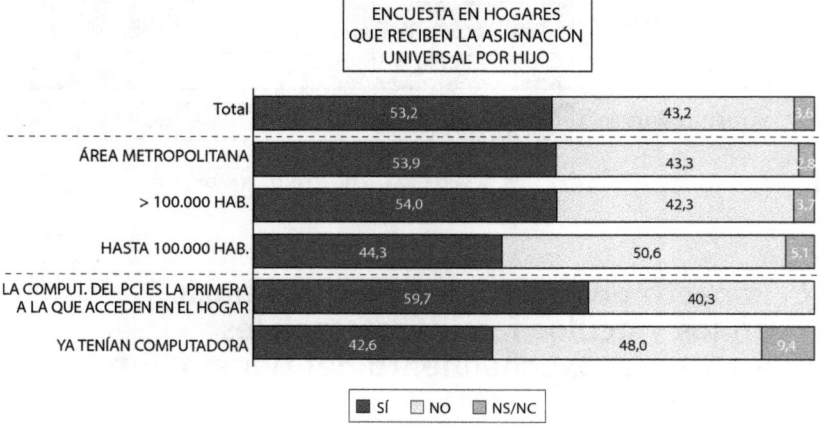

Como se ha visto, en una proporción importante de los hogares la llegada de la computadora del PCI implicó no solo impactos positivos sobre los jóvenes beneficiarios sino también en sus familiares, ya que la mayoría ha logrado sacar provecho de la nueva tecnología. Es así que en seis de cada diez hogares consideran que la netbook significó mayores posibilidades de aprender para toda la familia (en siete de cada diez, si se considera solo los hogares en donde la computadora del PCI es la primera del hogar) (Gráfico 30).

Gráfico 29
Utilización en familia de la netbook del Programa Conectar Igualdad según estrato poblacional de las localidades y si la computadora del PCI es la primera del hogar (en %)

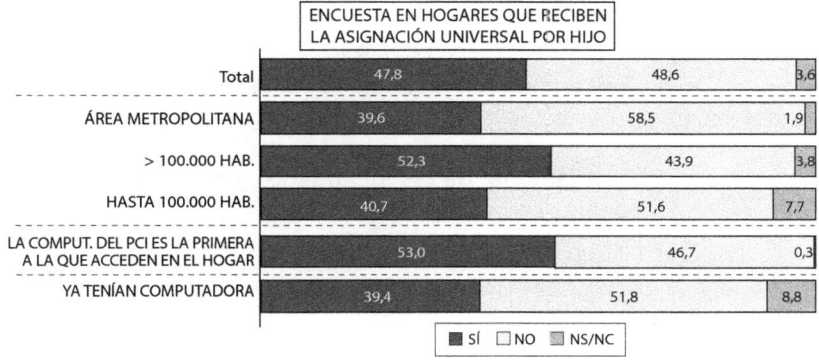

Gráfico 30
Percepción del nivel en que la netbook del Programa Conectar Igualdad permite que toda la familia aprenda más según estrato poblacional de las localidades y si la computadora del PCI es la primera del hogar (en %)

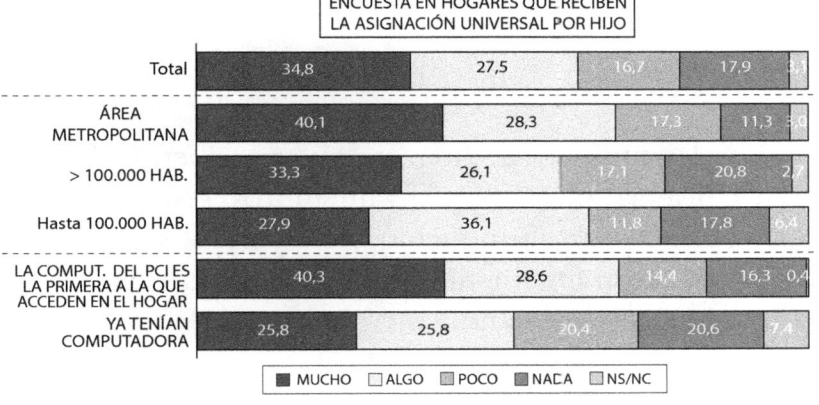

HACIA LA INCLUSIÓN DIGITAL

Esta realidad, inaugurada por el acceso familiar al Programa, redunda en mayor tiempo compartido entre los miembros del hogar, ya que si bien para muchos la incorporación de la computadora no cambió especialmente la dinámica familiar, para casi cuatro de cada diez titulares consultadas la netbook del PCI aumentó la cantidad de tiempo compartido en familia (Gráfico 31).

Gráfico 31
Percepción del nivel en que la netbook del Programa Conectar Igualdad aumentó la cantidad de tiempo que comparten en familia según estrato poblacional de las localidades y si la computadora del PCI es la primera del hogar (en %)

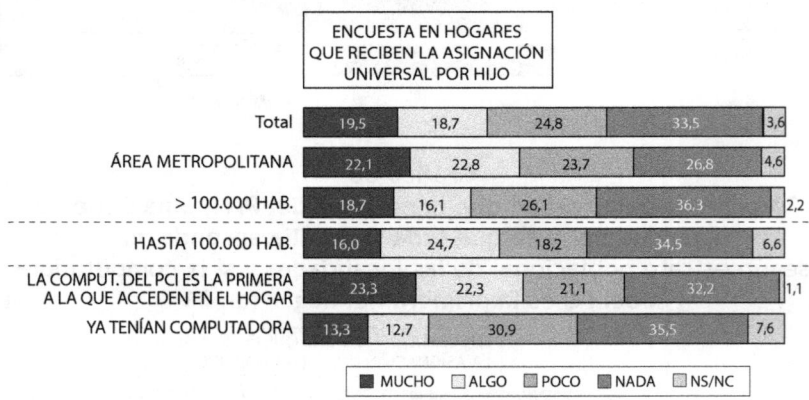

En el estudio sobre hogares que perciben la Asignación Universal por Hijo y sus miembros, se indagó además sobre el efecto producido por la netbook de Conectar Igualdad en los vínculos sociales y las actividades que realizan en su tiempo libre.

RESULTADOS DE LA EVALUACIÓN DEL PROGRAMA CONECTAR IGUALDAD

A partir de los resultados obtenidos, es posible observar que la intensidad de los vínculos sociales con compañeros y amigos no se ve afectada marcadamente. Aunque de forma mayoritaria no se declaran cambios positivos en la frecuencia con que se relacionan los jóvenes con sus pares (a excepción de las localidades más pequeñas, donde sí parece haber algún impacto mayor), tampoco se considera en gran medida que la computadora del PCI sea un factor negativo en la socialización.

Gráfico 32
Cambios en la forma de relacionarse con sus amigos/compañeros desde la recepción de la netbook de Conectar Igualdad según sexo, estrato poblacional de las localidades y si la computadora del PCI es la primera del hogar (en %)

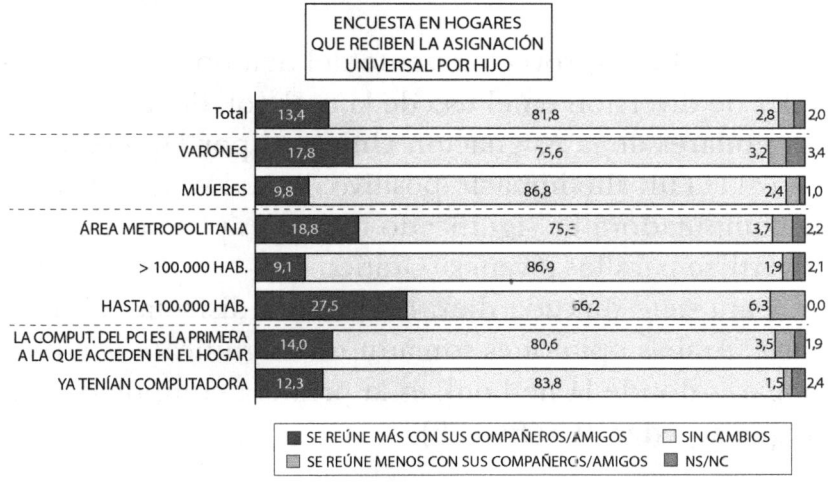

Esta percepción es coincidente con la opinión de las titulares acerca del aislamiento, quienes se inclinan tanto en contra como a favor de la afirmación de que la netbook genera aislamiento del entorno en igual proporción.

HACIA LA INCLUSIÓN DIGITAL

Gráfico 33
Percepción del nivel en que los jóvenes se aíslan de su entorno desde la recepción de la netbook del Programa Conectar Igualdad según estrato poblacional de las localidades y si la computadora del PCI es la primera del hogar (en %)

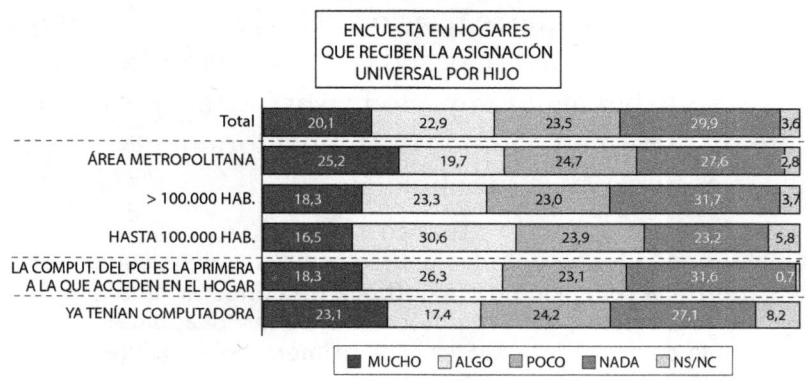

Pasando al aprovechamiento del tiempo libre y los niveles de diversión en el uso de la netbook del Programa, las titulares de la Asignación Universal por Hijo reconocen al PCI un alto impacto positivo. Para dos de cada tres, la computadora ha significado una nueva forma sana de divertirse para los jóvenes (Gráfico 34).

Para siete de cada diez, los jóvenes disfrutan al utilizarla. Ambas opiniones son aún más significativas en los hogares donde la netbook es la primera computadora a la que acceden (Gráfico 35).

Gráfico 34
Percepción del nivel en que la netbook es una nueva forma sana de divertirse para los jóvenes según estrato poblacional de las localidades y si la computadora del PCI es la primera del hogar (en %)

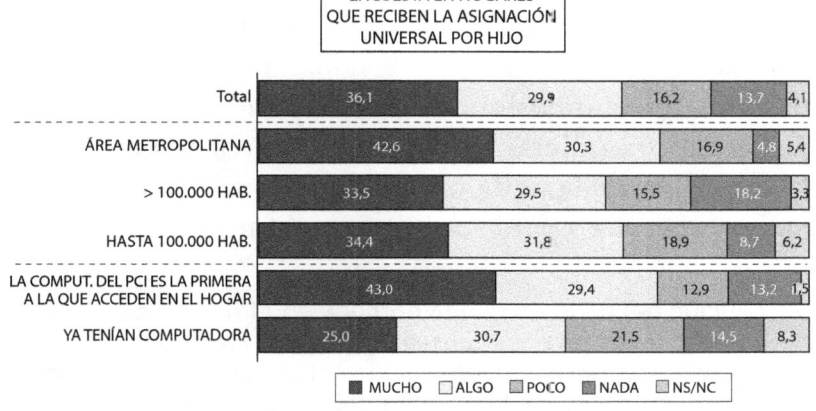

Gráfico 35
Percepción del nivel en que los jóvenes disfrutan de la netbook de PCI según si la computadora del PCI es la primera del hogar (en %)

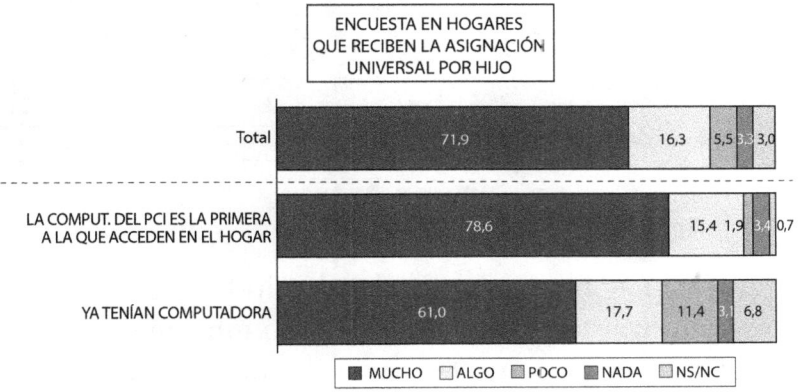

7. Impacto esperado en la inserción laboral

Ya se ha visto que el PCI ha tenido probada capacidad para facilitar la adquisición de conocimientos útiles para el ámbito educativo. Además de esto, el Programa se propone como impacto indirecto gravitar en el futuro en la inserción laboral de los jóvenes que acceden a la computadora. Para dimensionarlo, se les pidió a las entrevistadas que respondieran en qué medida consideraban que la recepción de la netbook incrementará la obtención de mejores empleos para sus hijos en el futuro.

Gráfico 36
Percepción del nivel en que la netbook en el futuro les permitirá a los jóvenes conseguir mejores empleos según estrato poblacional de las localidades y si la computadora del PCI es la primera del hogar (en %)

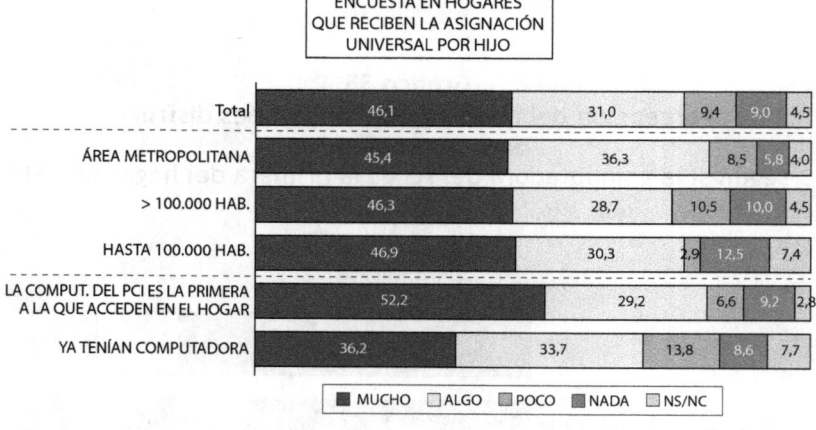

Aproximadamente la mitad de las titulares de la Asignación Universal por Hijo considera (en gran medida) que los receptores podrán acceder a mejores trabajos como consecuencia de los cambios en la modalidad de aprendizaje inaugurada por la incorporación de la nueva tecnología. De sumarse también a quienes manifiestan una expectativa moderada (alguna medida), la proporción de titulares que consideran que estos adolescentes lograrán una ventaja comparativa al momento de ingresar al mercado laboral alcanza a tres de cada cuatro respondentes.

Nuevamente esta apreciación se hace todavía más notoria en los hogares donde la netbook es la primera computadora a la que acceden.

8. Satisfacción con el Programa Conectar Igualdad

A partir de las percepciones de las madres de los jóvenes beneficiarios, se ha visto la importancia que ha adquirido el PCI tanto en la rutina escolar como en la familiar, como punto de partida de acceso a las nuevas TIC, como herramienta de aprendizaje y de recreación, e incluso como facilitador del encuentro intergeneracional. No resulta llamativo, por lo tanto, que un 65% de las titulares de AUH consultadas considere a Conectar Igualdad como muy importante para la vida de los jóvenes y de sus familiares. Apreciación que alcanza el 85% si se considera también a aquellas que lo consideran moderadamente importante.

Tampoco resulta extraño que, como se observó a lo largo de todo el capítulo, la importancia del Programa sea considerablemente mayor entre quienes accedieron a una computadora por primera vez a través del Programa Conectar Igualdad. En estos hogares, siete de cada diez respondentes consideran al PCI como muy importante y dos de cada diez lo consideran algo importante.

Gráfico 37
Percepción del nivel de importancia para los jóvenes y sus familiares del Programa Conectar Igualdad según estrato poblacional de las localidades y si la computadora del PCI es la primera del hogar (en %)

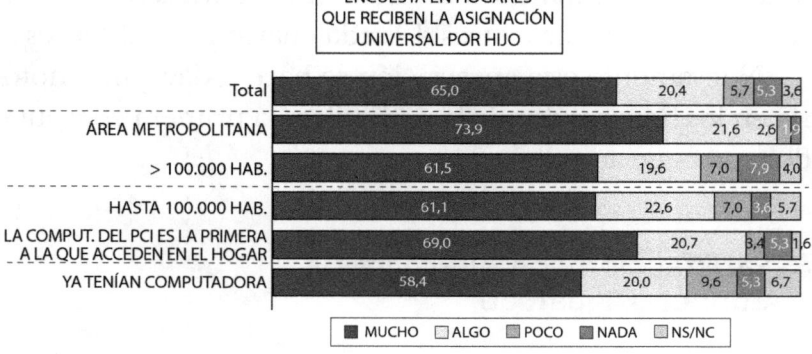

De igual forma que se evalúa positivamente el Programa de acuerdo a la importancia que se le atribuye, se observa un amplio apoyo a su continuidad. Siete de cada diez titulares de AUH lo creen prioritario ahora y para el futuro, en tanto que dos de cada diez manifiestan que existen prioridades más importantes donde el Estado debería invertir el dinero (Gráfico 38).

En sintonía con lo descripto hasta aquí sobre las percepciones de impacto, en los hogares donde la primera computadora a la que accedieron fue la del PCI, el Programa suscita mayores apoyos en cuanto a su continuidad en el futuro. En este segmento de hogares recientemente ingresados a las nuevas tecnologías, el nivel de acompañamiento abarca casi el 80%, lo cual representa 20 puntos porcentuales por encima de quienes ya contaban con una computadora hogareña.

RESULTADOS DE LA EVALUACIÓN DEL PROGRAMA CONECTAR IGUALDAD

Gráfico 38
Continuidad del Programa Conectar Igualdad según estrato poblacional de las localidades y si la computadora del PCI es la primera del hogar (en %)

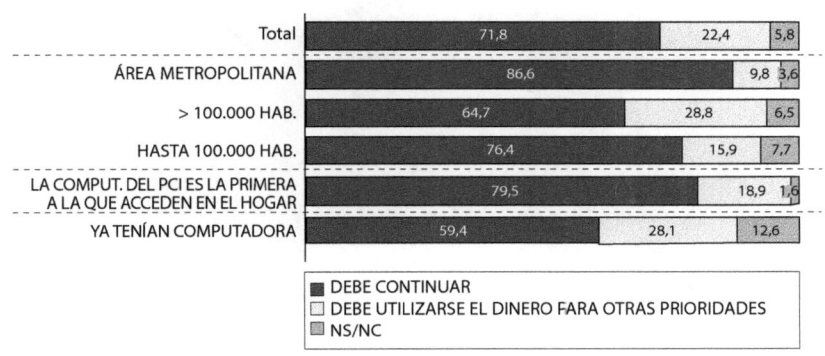

VI. Conclusiones y recomendaciones

Los resultados de la evaluación del Programa Conectar Igualdad, en el universo de población y hogares receptores de Asignación Universal por Hijo, demuestran que para comienzos de 2014 se encuentra muy avanzado el objetivo de universalizar el acceso a una computadora a todos los adolescentes del país. Se derriba así la primera barrera esencial que distancia a los que más tienen de los que menos poseen en cuanto a las posibilidades de acceso a la Sociedad de la Información. En el interior de los hogares más vulnerables, se destaca que nueve de cada diez jóvenes elegibles por el PCI poseen una computadora en el hogar.

Para la mitad de hogares receptores de AUH donde habitan adolescentes que poseen computadora y que cursan la educación media pública, la netbook del PCI resulta el primer acercamiento hogareño a las nuevas tecnologías. En este contexto, el Programa, con todavía pocos años de trayectoria, ya se ha transformado en un promotor importante de igualación de oportunidades para los adolescentes provenientes de los hogares situados en los niveles más bajos de la escala de ingresos, brindando el puntapié inicial al proporcionarles una herramienta que sienta las bases materiales para achicar la brecha digital, y familiarizarlos con su empleo.

Los niveles de utilización de esta nueva tecnología no hacen más que enfatizar en los hechos la importancia que los estudiantes le otorgan al Programa. Tanto el acceso como la frecuencia e intensidad de uso de la computadora por parte de los beneficiarios del PCI de los hogares con AUH superan los valores establecidos en la media nacional para el segmento comparable (jóvenes en edad de escolarización secundaria). Prácticamente nueve de cada diez beneficiarios utilizan la computadora y la mayoría de ellos lo hace a diario.

Resulta sorprendente, incluso, que el nivel de utilización de Internet con la computadora también alcance valores más elevados entre los beneficiarios del Programa residentes en hogares que reciben AUH que en otros segmentos, ya que las condiciones de conectividad hogareña son claramente desfavorables con respecto a la general (menos del 30% tiene conexión en el hogar y existe una distancia de 15 puntos porcentuales con la media nacional). Este dato no hace más que potenciar las virtudes del Programa, ya que evidentemente proporciona a los adolescentes el equipamiento y los conocimientos necesarios para acceder a la red.

En el ámbito escolar, el acceso a la tecnología es el cambio más contundente registrado en las aulas en las últimas décadas. La implementación del PCI ha generado en poco tiempo, una transformación importante que involucra cambios en los modos de enseñar, de aprender, de relacionarse y de participar. La escuela, antes –y

CONCLUSIONES Y RECOMENDACIONES

aun hoy– trabajaba en función de un alumno promedio. Las nuevas tecnologías permiten desplegar nuevas estrategias de enseñanza para atender a diversos grupos en simultáneo (Gvirtz, 2003). Esta ventaja es apreciable si se tiene en cuenta que la Asignación Universal por Hijo implicó un incremento sustancial en la asistencia escolar, devolviendo a las aulas a alumnos con trayectorias educativas signadas por el rezago, la repitencia y el abandono temporario o permanente de los estudios.

Sin duda, el PCI implica una revalorización de la escuela pública. Su carácter universal e inclusivo le otorga una escala y envergadura que significan un gran salto cualitativo en las políticas educativas.

Ahora bien, con acceso y uso prácticamente universalizados, el entrenamiento de habilidades básicas para lograr la apropiación de la tecnología y el desarrollo de contenidos útiles deben transformarse en la prioridad actual. Sin estos componentes cubiertos, los esfuerzos resultarán estériles.

Atento a esto, el PCI, más allá de garantizar el acceso, persigue como meta fomentar el uso de las TIC en el ámbito educativo de gestión estatal, promoviendo nuevos modos de construcción del conocimiento que en el futuro se traduzcan en mayores posibilidades de éxito para el desarrollo integral de las personas y su mejor inserción en el mercado de trabajo. Los cambios requeridos son profundos y sería pretencioso esperar que se produjeran de la noche a la mañana. Los procesos de enseñanza y aprendizaje a través de la modificación de las formas de trabajo en el aula a partir del uso de las TIC todavía marchan detrás del fervor que ha impuesto en los jóvenes la adquisición y rápida apropiación de la nueva tecnología. Si bien los niveles de uso para materias escolares casi trepan al 90% –tasa que supera la del Plan Ceibal de Uruguay, que cuenta con tres años más de antigüedad–, esta realidad desborda actualmente la capacidad de muchas escuelas para adoptar las computadoras como parte central del proceso de enseñanza, ya que, de acuerdo con los datos proporcionados en esta evaluación, la obligatoriedad de llevar la netbook a clase, el acceso a la intranet y el uso de programas específicos para materias curriculares se encuentran todavía lejos de estos valores, entre veinte y treinta puntos porcentuales por debajo, de acuerdo al indicador que se tome, del nivel de utilización señalado para el ámbito escolar.

Cabe señalar, además, para redondear las posibilidades abiertas por el Programa en el marco de la educación formal, que si bien escapa al alcance de esta evaluación constatar el efecto directo de la incorporación de la netbook del PCI sobre el incremento de la tasa de asistencia a la escuela o bien una mayor dedicación al estudio, se ha observado que uno de cada cinco beneficiarios reconoce estar más motivado para asistir a clase a partir de haber recibido la computadora y tres de cada cuatro familiares responsables (titulares de AUH) consultadas consideran que la incorporación de la netbook significó, en alguna o mucha medida, un incremento en las posibilidades de aprender. Por otra parte, casi la mitad de estas mismas madres opina que el Programa servirá para que sus hijos continúen estudiando, en tanto que para un 77% el acceso a las nuevas tecnologías que permite el manejo de la netbook repercutirá en el

CONCLUSIONES Y RECOMENDACIONES

futuro por brindar mayores ventajas en el momento de ingresar al mercado laboral.

En el ámbito del hogar, la aparición del Programa ha revolucionado la vida cotidiana no solo de los jóvenes sino también de sus familias. Intensificó los vínculos (en la mitad de los casos la computadora se utiliza en forma familiar), incrementó el tiempo compartido con la familia y reformuló los roles, al colocar a los y las adolescentes en el lugar de alfabetizadores digitales de los adultos. Es así que más de la mitad de los beneficiarios transfieren conocimientos a otros miembros del hogar y les enseñan a utilizar la nueva tecnología.

La evaluación pone de manifiesto el modo en que la mayoría de los miembros del hogar ha logrado sacar provecho de la nueva tecnología. En seis de cada diez hogares se reconoce que la netbook significó mayores posibilidades de aprender para toda la familia.

A partir de las percepciones de las madres de los beneficiarios se ha visto la importancia que ha adquirido el PCI tanto en la rutina escolar como en la familiar, como punto de partida de acceso a las nuevas TIC, como herramienta de aprendizaje y de recreación, e incluso como facilitador del encuentro generacional. En este contexto, no resulta llamativo el alto nivel de aceptación y acompañamiento con que cuenta el PCI por parte de los hogares. Un 85% valora su importancia como factor decisivo de ampliación de posibilidades de inclusión social e igualador de oportunidades entre los que más y menos tienen, más allá de sus estrictas bondades como política que apunta a reducir la brecha digital o de las posibilidades que propone como instancia de recreación sana y divertida. Esta apreciación resulta todavía más trascendental entre quienes previamente a la existencia del Programa no estaban incluidos en el "mundo digital", ya que la diferencia entre los hogares donde la netbook del PCI es la primera del hogar y el resto supera los 15 puntos porcentuales.

Con la primera batalla dirigida a acortar la brecha digital ganada, con el entusiasmo y la confianza como aliados, el desafío del Programa radicará en profundizar la capacitación docente en el uso cotidiano de la computadora en el aula y el manejo de software específicos, así como el desarrollo de los mecanismos para estrechar los vínculos entre las nuevas tecnologías y los contenidos curriculares.

El proyecto de Ley Argentina Digital, recientemente enviado al Congreso Nacional, complementa el esfuerzo del PCI y permitirá en el futuro mayores posibilidades de conectividad gratuita o a costos subsidiados, especialmente en las localidades más pequeñas y en barrios carenciados, donde la existencia de sitios de acceso libre es la excepción a la regla.

ANEXO

El Programa
Conectar Igualdad

Hacia la inclusión digital

El marco normativo sobre el cual se apoya el Programa Conectar Igualdad es la Ley de Educación Nacional 26.206, sancionada en diciembre de 2006. La obligatoriedad de la escuela secundaria marcó importantes desafíos para el nivel y la necesidad de ofrecer nuevas herramientas para la enseñanza y el aprendizaje. Asimismo, se incluyó el desarrollo de competencias tecnológicas entre los fines y objetivos de la política educativa nacional. El 6 de abril de 2010 fue anunciado por el Poder Ejecutivo la firma del Decreto Presidencial 459/10 que da origen al Programa Conectar Igualdad y establece la entrega de una computadora a alumnos y docentes de escuelas secundarias, de educación especial e institutos de formación docente de gestión estatal.

Para realizar un balance del camino recorrido hasta aquí y una agenda para el futuro, podemos empezar por reconocer en el Programa Conectar Igualdad, como política de inclusión de tecnologías en las aulas, dos grandes objetivos. El primero de ellos está relacionado con garantizar el derecho al ejercicio pleno de la ciudadanía y el acceso de todos los jóvenes a las tecnologías ("Justicia

Social"). El segundo está ligado al derecho a una educación de calidad y apunta a ofrecer mejores herramientas para alumnos y docentes ("Justicia Educacional").

Para asegurar las condiciones necesarias para la integración de la tecnología en las escuelas, el Programa Conectar Igualdad se apoya en tres ejes:

1. Netbooks e infraestructura tecnológica.
2. Contenidos y aplicaciones educativas.
3. Acciones de formación docente.

En cuanto al primero de los ejes, Conectar Igualdad implementa lo que se ha denominado modelo 1 a 1. Esta modalidad se funda en principios basados en el acceso a las tecnologías tanto dentro como fuera del ámbito escolar. Se apoya en la idea de la fácil portabilidad de la netbook, de manera tal que pueda ser llevada a los hogares y utilizada en el tiempo libre, y también como herramienta para la realización de tareas escolares. La entrega de las netbooks demanda el despliegue de una estrategia que contempla múltiples dimensiones. Por un lado, la definición de sus especificaciones técnicas en función de las necesidades pedagógicas. En este punto, vale la pena detenerse en la elección de la netbook por sobre otros dispositivos tecnológicos móviles, como las tablets. Esta decisión obedece a que dispositivos como las tablets presentan limitaciones frente a algunos de los objetivos que se propone la escuela, tal como el estímulo a la producción escrita. En algunos países donde constituyen el segundo dispositivo tecnológico al alcance de los niños y jóvenes, las tablets son utilizadas tanto en los hogares como

ANEXO. EL PROGRAMA CONECTAR IGUALDAD

en la escuela. En los países de América Latina en general, y en la Argentina en particular, en muchos casos la netbook es el único equipo al que acceden los estudiantes. En este contexto, es necesario prever que el dispositivo, además del consumo cultural, facilite la producción.

Las computadoras han incorporado progresivamente mejoras tanto en el hardware como en el software para acompañar el incesante desarrollo tecnológico. Actualmente, las netbooks de Conectar Igualdad tienen 4 GB de memoria RAM, más espacio de almacenamiento en el disco rígido, una cámara web reversible, e incluyen una placa sintonizadora para acceder a la programación de la Televisión Digital Abierta (TDA).

Por otra parte, todas las escuelas de Conectar Igualdad han recibido la infraestructura tecnológica (piso tecnológico) que vincula todas las netbooks entre sí y con un servidor centralizado, con dos propósitos: garantizar la seguridad de las netbooks y compartir contenidos y aplicaciones entre los docentes y estudiantes. Asimismo, la implementación de Conectar Igualdad implicó establecer los procedimientos de logística para la distribución del equipamiento y para la resolución de problemas técnicos. Todos estos son procesos que no son estáticos; muy por el contrario, están en permanente actualización.

Con la evolución de Conectar Igualdad se ha avanzado también en un proceso de sustitución de importaciones, lo que agrega valor en la cadena de producción y amplía el proceso de industrialización. Se ha aumentado la fabricación nacional del cable de alimentación eléctrica (100% fabricado en Argentina), del cargador de baterías (100%) y plásticos de las carcasas de las netbooks (65%).

A su vez, se ha incrementado el ensamblaje y soldadura de diversos componentes de las netbooks, como la batería de celdas, el motherboard, la placa de TDA y la memoria.

Los numerosos contenidos y programas educativos que tienen incorporados las netbooks constituyen el segundo de los pilares del Programa. Es la riqueza de estos contenidos la que transforma a la netbook en una herramienta didáctica de enorme valor y en un puente entre los alumnos y el conocimiento. Las computadoras tienen 19 aplicaciones pedagógicas para ser usadas en las clases de matemática, ciencias naturales, ciencias sociales y lengua; 13 aplicaciones para fomentar la creatividad de los jóvenes a través de la programación y el desarrollo de videojuegos y simulaciones; 20 herramientas multimedia para editar y reproducir textos, videos e imágenes; 8 herramientas de Internet y exploradores para navegar offline y online; 11 herramientas de oficina para la redacción y la realización de presentaciones, y numerosos contenidos educativos para ser trabajados en el aula: bibliotecas virtuales, mapas, imágenes, videos y diversas secuencias didácticas.

Por otra parte, desde sus inicios, la netbook del Programa Conectar Igualdad tiene doble "booteo"; esto es, ofrece la posibilidad de utilizar un sistema operativo libre (Linux) o un sistema propietario (Windows). En un fuerte impulso a la soberanía tecnológica, el Programa desarrolló en 2013 Huayra, su propio sistema operativo basado en Debian GNU Linux. Huayra tiene tres características principales: es libre, público y gratuito. Es libre porque es de código abierto y le permite a cualquier persona reprogramar, inventar y trabajar con los más de

30.000 programas disponibles para bajar y compartir. Es también público porque es un sistema operativo desarrollado por el propio Estado argentino y es extensible a toda la administración pública. Finalmente, es gratuito porque su instalación y uso no implica ningún costo para el usuario o pago de licencias. El software libre tiene un potencial educativo muy interesante y se transforma en una herramienta ideal para el aprendizaje en tanto que brinda la posibilidad de usar una herramienta, observar y aprender cómo está hecha, y garantiza la posibilidad de modificarla y apropiarse de ella. En este sentido, Huayra representa además un fuerte incentivo al desarrollo de vocaciones científicas en los adolescentes para la continuidad de estudios de programación en el nivel terciario o universitario.

Las acciones de formación docente son el tercer eje sobre el que Conectar Igualdad se apoya. En el ámbito de la formación inicial, corresponde señalar, en primera instancia, que la netbook se entrega a los estudiantes de los institutos superiores de formación docente que van a desempeñarse como tales en el nivel secundario. Integrar las netbooks en el nivel superior permite que los futuros docentes se familiaricen con el dispositivo y exploren su potencialidad antes de entrar a las aulas. En el plano de la formación continua, existen diferentes iniciativas del Ministerio de Educación Nacional, de los ministerios provinciales, de la ANSES y de otros organismos gubernamentales y no gubernamentales orientadas a la actualización y capacitación de docentes, directivos e inspectores de las escuelas que forman parte del Programa.

La llegada de las netbooks requiere a su vez el diseño de los procesos de gestión del cambio en las escuelas para favorecer su uso dentro de las aulas, tales como: administrar los tiempos escolares con vistas a fomentar la utilización de las computadoras, fortalecer el rol de los directivos como líderes de los procesos de gestión de mejora en las instituciones y garantizar la asistencia de un referente técnico que esté a disposición y visite periódicamente la escuela. Estos son simplemente algunos ejemplos que impone, desde el punto de vista organizacional, la implementación de Conectar Igualdad.

Hoy, a más de cinco años de la creación del Programa, podemos decir que el camino ha sido tan intenso como enriquecedor. Conectar Igualdad, con sus casi cinco millones de netbooks entregadas, es la política de inclusión de tecnologías en la modalidad 1 a 1 de mayor envergadura del mundo. Cada netbook en manos de un estudiante de escuela secundaria, escuela especial o instituto de formación docente ha representado un paso más hacia la justicia social. Hace unos años, el Instituto de Estadísticas de la UNESCO publicó la encuesta de "Uso de TIC en educación en América Latina y el Caribe. Análisis regionales de la integración de las TIC en la educación y de la aptitud digital" (2012) (2013). El informe revela un dato significativo sobre el impacto del Programa Conectar Igualdad en el acceso de los estudiantes a la tecnología. En 2009, existía una relación (ratio) de 12 alumnos por cada computadora en las escuelas secundarias de gestión estatal del país. A fines de 2014, todos los alumnos de las escuelas secundarias de gestión estatal contaban con una computadora, por lo que esta relación

ANEXO. EL PROGRAMA CONECTAR IGUALDAD

quedó en una computadora por alumno. En 2015 se está completando la entrega a los alumnos ingresantes al primer año de cada nivel y modalidad, para llegar también a la relación 1 a 1.

El informe de evaluación de Conectar Igualdad dirigido por Bernardo Kliksberg y presentado en este libro da cuenta de los impactos del Programa sobre un grupo poblacional –receptores de la Asignación Universal por Hijo (AUH)– en cuanto al acceso y la utilización de las tecnologías tanto en las aulas como fuera de ellas. Repasemos algunos de estos efectos.

Del informe se desprende que nueve de cada diez jóvenes utilizan las netbooks del Conectar Igualdad y el 77,8% manifiesta utilizarlas ya sea en la escuela o en su hogar. La información acerca de la frecuencia de utilización de las computadoras en las escuelas da cuenta del cumplimiento de uno de los desafíos del Programa; esto es, fomentar un mayor uso escolar. Mientras que un porcentaje importante (45,1%) de los jóvenes declaró que las netbooks eran utilizadas todos los días en las escuelas, el 44,3% manifestó que lo hacía alguna vez a la semana, mientras que solamente el 6,6% y el 2,3% respondió que el uso era ocasional (alguna vez al mes) o casi inexistente, respectivamente. Uno de los resultados interesantes es que cerca de nueve de cada diez jóvenes que dijeron utilizar las netbooks manifestaron hacerlo para trabajar con todas o con alguna materia escolar.

Otro de los logros revelados a partir de los hallazgos del informe es que favorece el uso de la intranet escolar como una herramienta didáctica para compartir contenidos y trabajar en forma colaborativa. Un 52,8% de los jóvenes encuestados indicó que se conectaba a la intranet, mientras que el 30,4% reconoció no hacerlo y un 16,9% no supo contestar a la pregunta.

Por otra parte, el hecho de que las netbooks puedan ser llevadas a los hogares tiene una externalidad positiva, en tanto que permite multiplicar los destinatarios del Programa a través del acceso a las tecnologías del resto de los miembros del hogar. Uno de los resultados del estudio es que la utilización hogareña es más significativa cuanto menor es el tamaño de la localidad (esto es, allí donde el acceso a las tecnologías es más dificultoso) y donde la computadora de Conectar Igualdad es la primera a la que acceden en el hogar.

La agenda para el futuro del Programa está orientada a continuar acompañando a los docentes y a los alumnos en las siguientes etapas del proceso de integración de las tecnologías. Esto es, seleccionar más y mejores aplicaciones educativas; acompañar el desarrollo de iniciativas basadas en plataformas libres, y fortalecer la actualización docente. Asegurar las condiciones necesarias para el buen funcionamiento del Programa es responsabilidad principal del Estado (en todos sus niveles), pero también es un esfuerzo que debe ser intensamente acompañado por los docentes, los estudiantes y sus familias, así como por la sociedad civil en su conjunto. De esta manera, el Programa Conectar Igualdad podrá explotar su enorme potencialidad como herramienta para seguir colaborando con la justicia educacional en nuestro país.

DIEGO BOSSIO, Director Ejecutivo de la ANSES
SILVINA GVIRTZ, Directora General Ejecutiva
del Programa Conectar Igualdad

BIBLIOGRAFÍA

ALADI (Asociación Latinoamericana de Integración): "La brecha digital y sus repercusiones en los países miembros de la ALADI", 2003. Disponible en: http://www.paisdigital.org/docs/fl12_.pdf
ANSES: Información de Prensa, 6 de agosto de 2010.
Bonilla, M. y Cliche, G.: "Investigación para sustentar el diálogo sobre el impacto de Internet en la sociedad latinoamericana y caribeña. Internet y sociedad en América Latina y el Caribe". FLACSO, Ecuador. 2001.
CEPAL: "Los caminos hacia una sociedad de la información en América Latina y El Caribe. Santiago de Chile", 2003. Versión electrónica disponible en: http://www.eclac.cl/publicaciones/Desarrolloproductivo/I/LCG2195RevP/Lcg2195e2.pdf
———: "La sociedad de la información en América Latina y el Caribe: Desarrollo de las tecnologías y tecnologías para el desarrollo". Santiago de Chile, 2008.
Consejo Federal de Educación: "Las políticas de inclusión digital educativa: el Programa Conectar Igualdad". En http://portales.educacion.gov.ar/. Ministerio de Educación, Presidencia de la Nación. Argentina, 2010.
Gvirtz, S.: "La escuela, la única institución capaz de enseñar a discernir entre datos verdaderos y datos falsos". Entrevista en el Portal Educ.ar, 2003.
Hilbert, M.; Bustos, S. y Ferraz, J.C.: "Estrategias nacionales para la sociedad de la información en América Latina y el Caribe". CEPAL, Santiago de Chile, 2005.
Jara, I.: Ponencia presentada en el Seminario Internacional "La evaluación en las políticas de inclusión digital en el ámbito educativo. Los casos del modelo 1 a 1". Ministerio de Educación de la Nación, 29 y 30 de abril de 2014.

Kliksberg, B. y Sen, A.: *Primero la gente*. Editorial Deusto, Barcelona, España, 2007.

Ministerio de Educación: "Nuevas voces, nuevos escenarios: estudios evaluativos sobre el Programa Conectar Igualdad", 2011.

Plan Ceibal: "Evaluación anual en primaria 2009 – 2011". Departamento de Monitoreo y Evaluación Plan Ceibal. Montevideo, Uruguay, 2012.

Pulfer, D. y Toranzos, L.: "Comentarios al informe del Observatorio de la Educación Básica Argentina de la Fundación CEPP en lo relativo al Programa Conectar Igualdad". Oficina de la OEI, Buenos Aires. 2012.

Presidencia de la Nación: "Conectar Igualdad. Una oportunidad para seguir transformando". 15 de abril de 2015.

Serrano Santoyo, A. y Martínez, E.: "La brecha digital. Mitos y realidades". Universidad Autónoma de Baja California, México, 2003.

SITEAL: "La brecha digital en América Latina". SITEAL, Dato destacado N° 25, 2012.

Sunkel, G.: "TIC para la educación en América Latina", 2010. En http://www.oei.es/tic/Sunkel.pdf

Tello Leal, E.: "Las tecnologías de la información y comunicaciones (TIC) y la brecha digital: su impacto en la sociedad de México". revista *Universidad y Sociedad del Conocimiento*, 2008.

UNESCO: "Las tecnologías de la información y la comunicación en la formación docente". UNESCO, París, 2004.

———: "Hacia las sociedades del conocimiento". UNESCO, París, 2005.

———: "Uso de TIC en Educación en América Latina y el Caribe. Análisis regional de la integración de las TIC en la educación y de la aptitud digital (e-readiness)". UNESCO, Montreal, 2013.

Uranga Arboe, V.: "Brecha digital y las múltiples relaciones que tienen los niñ@s con Internet". *UNIrevista*, Vol. 1, N° 3, 2006.

ACERCA DE LOS AUTORES

BERNARDO KLIKSBERG. Autor de 62 libros de amplia difusión mundial y traducidos a múltiples idiomas. Asesor especial de la ONU, PNUD, FAO, UNESCO, OPS, OMS y otros organismos internacionales. Es considerado el padre de la gerencia social y pionero de la ética para el desarrollo, el capital social y la responsabilidad social empresarial.

Laureado con decenas de doctorados honoris causa. Entre otras distinciones, ha recibido la Orden al Mérito Civil de España, designado por unanimidad ciudadano ilustre de la Ciudad Autónoma de Buenos Aires, Medalla de Honor del Bicentenario, distinción especial de la Asociación China de Tecnologías Blandas, Premio Domingo Faustino Sarmiento del Senado argentino, distinguido por Cáritas, AMIA y múltiples organizaciones líderes de la sociedad civil por la solidaridad y la lucha por la responsabilidad social. La serie de televisión dedicada a su pensamiento (canal Encuentro) ha sido nominada por la Academia Internacional de TV al Premio Emmy Internacional. Fue designado integrante del Comité Ejecutivo del Alto Panel Mundial de Seguridad Alimentaria. Es director de los programas de formación de nuevas generaciones de docentes y líderes jóvenes "2.000 jóvenes para una economía con rostro humano" (dictado en 27 universidades argentinas) y "Líderes jóvenes para una economía social y la integración regional" (dictado en todos los países de UNASUR).

El Premio Nobel Amartya Sen escribió sobre su obra: "Ha influenciado positivamente las vidas de millones de personas desfavorecidas. Sus libros son muy leídos y sus puntos de vista han ganado gran aceptación (...) es uno de los más prominentes pensadores contemporáneos". Edgar Morin, director emérito del Centro Nacional de Investigación Científica de Francia, dijo: "La idea de una economía con rostro humano ha sido desarrollada plenamente por Bernardo Kliksberg". Y el escritor Ernesto Sabato afirmó: "Sus obras me han impactado profundamente".

IRENE NOVACOVSKY. Socióloga egresada de la Universidad de Buenos Aires. Especialista en temas de pobreza y en diseño y evaluación de políticas y programas sociales. Ha sido consultora en organismos internacionales como BID, Banco Mundial, CAF, UNESCO, UNICEF y PNUD, y ha asesorado a las presidencias de Venezuela, Guatemala, Paraguay y Honduras en el diseño de políticas y programas sociales y sistemas nacionales de monitoreo y evaluación. Ejerció la docencia de grado y posgrado; actualmente es docente de posgrado del Programa Internacional de la Facultad de Ciencias Económicas de la UBA y CAF. Diseñó y coordinó el Sistema de información, monitoreo y evaluación de las políticas y programas sociales (SIEMPRO - Sistema de Información, Monitoreo y Evaluación de las Políticas y Programas Sociales) del Ministerio de Desarrollo de la Nación, y ha diseñado diferentes políticas y programas nacionales y provinciales, como Red de Protección Social, IDH-Familias, FOPAR, Grupos Vulnerables, Ciudadanía Porteña, Estudiar es Trabajar, etc. Es evaluadora del impacto de políticas y programas sociales de alcance nacional e internacional, entre ellos, de programas de transferencias de ingresos condicionadas.

Es autora de diversos artículos y libros, entre ellos: *Manual de gestión integral de programas sociales orientada a resultados: la evaluación de programas sociales; De igual a igual. El desafío del Estado ante los nuevos problemas sociales; Informalidad laboral y exclusión social en América Latina*, y, en colaboración: *La difícil reforma pendiente: rearticulación de las relaciones entre Estado y sociedad civil; Indicadores sociales para el seguimiento de la situación de desigualdad, pobreza y vulnerabilidad social; Situación de la infancia y adolescencia en Argentina; La respuesta de los gobiernos en el área de políticas sociales ante la crisis en América Latina; Capital social: clave para una agenda integral de desarrollo; La evaluación del programa Comunidades Especiales de Puerto Rico, Gobierno de Puerto Rico; La cuestión social en los '90: una nueva institucionalidad para las políticas sociales públicas*; y *Evaluación y control de la gestión pública por resultados; El gran desafío. Romper la trampa de la desigualdad desde la infancia* y *Aprendizajes de la Asignación Universal por Hijo*.

ISIDRO ADÚRIZ. Sociólogo egresado de la Universidad de Buenos Aires. Actualmente es director de proyectos de MFG Consultores. Desde 1995 se dedica activamente a investigación social aplicada, diseño metodológico y análisis de estudios cuantitativos para organismos nacionales e internacionales. En el sector público actualmente es asesor del Ministerio de Trabajo de la Provincia de Buenos Aires para la Encuesta de Indicadores del Mercado de Trabajo en Municipios. Se ha desempeñado como docente de Metodología de la Investigación Social. Es autor de más de treinta artículos dedicados a la investigación social, entre ellos, *El gran desafío. Romper la trampa de la desigualdad desde la infancia. Aprendizajes de la Asignación Universal por Hijo*.

VICTORIA ARINCI. Socióloga por la Universidad de Buenos Aires y maestranda en Ciencia Política (UTDT). Se desempeñó como consultora del área de Información Social del SIEMPRO (Sistema de Información, Monitoreo y Evaluación de Programas Sociales), fue coordinadora del Registro Único de Familias Beneficia-

ACERCA DE LOS AUTORES

rios del Ministerio de Desarrollo Social del Gobierno de la Ciudad Autónoma de Buenos Aires y coordinadora de Sistemas de Información del Servicio Nacional de Rehabilitación. Además, participó en la evaluación de programas de transferencia de ingresos condicionada, como el Programa Abrazo del Ministerio de Desarrollo Social de Paraguay y el Programa Ciudadanía Porteña del GCBA. Es docente de la asignatura Políticas de Desarrollo (USAL), consultora en sistemas de información y políticas sociales, y autora de diversos artículos sobre estas temáticas. Ha participado del libro *El gran desafío. Romper la trampa de la desigualdad desde la infancia. Aprendizajes de la Asignación Universal por Hijo.*

HORACIO CHITARRONI. Sociólogo egresado de la Universidad de Buenos Aires. Actualmente se desempeña como consultor en el SIEMPRO. Ha desarrollado actividades de consultoría en el sector público (principalmente en la evaluación del impacto de programas sociales) y también en el ámbito privado. Ha sido profesor universitario de grado y de posgrado de Metodología de la Investigación Social y de Estadística Aplicada a las Ciencias Sociales. Es autor de artículos en revistas científicas y de ponencias presentadas en diferentes eventos sobre los temas de su especialidad, así como de libros referidos a la metodología de la investigación social. Ha participado del libro *El gran desafío. Romper la trampa de la desigualdad desde la infancia. Aprendizajes de la Asignación Universal por Hijo.*

ELISA TROTTA GAMUS. Abogada especializada en Derecho y Política Internacionales, egresada de la Universidad Central de Venezuela, y con doble maestría por la Universidad de Brandeis: en Desarrollo Internacional Sustentable y en Coexistencia y Conflicto. Ha colaborado con varias organizaciones de derechos humanos, fue investigadora visitante del Instituto de Estudios de Trabajo y Sociedades (IETS) de Rio de Janeiro. Cuenta con una amplia experiencia en gestión operativa de proyectos con impacto social del ámbito público y privado en Venezuela, Estados Unidos y Argentina. Ha participado del libro *El gran desafío. Romper la trampa de la desigualdad desde la infancia. Aprendizajes de la Asignación Universal por Hijo.*

NAOMI WERMUS. Socióloga egresada de la Universidad de Buenos Aires y magíster en Generación y Análisis de Información Estadística (UNTREF). Actualmente es coordinadora académica de la misma maestría. Ha sido profesora universitaria de Estadística y dicta la materia Políticas de Desarrollo (USAL). Se especializa en diseño, gestión y evaluación de políticas sociales. Se ha desarrollado como consultora en el SIEMPRO, ha participado del diseño y gestión del Programa Ciudadanía Porteña y ha sido coordinadora técnica del Programa Estudiar es Trabajar (ambos de la Ciudad Autónoma de Buenos Aires). Ha participado en las evaluaciones de impacto del Programa Abrazo (UNICEF - Secretaría de Acción Social, Paraguay). Es autora de varias publicaciones sobre investigación social y evaluación de políticas para revistas científicas y congresos internacionales. Ha participado del libro *El gran desafío. Romper la trampa de la desigualdad desde la infancia. Aprendizajes de la Asignación Universal por Hijo.*

www.ingramcontent.com/pod-product-compliance
Lightning Source LLC
Chambersburg PA
CBHW060810050426
42449CB00008B/1614